BBS불교방송 신앙상담

활안스님의 禪問答

서 무 선 編纂

한국불교정신문화원

선(禪)은 원래 말이 없다. 모양 없는 마음 속에 온갖 생각 따라 나타난 여러 현상도 알고 보면 모두가 마찬 가지이다. 단지 개 마음에는 개가 들어있고 사람 마음 에는 사람이 들어있을 뿐이다.

그러므로 자는 개를 보고,
"개도 불성이 있습니까?"
물으니
"없다."
고 했다가 또 개가 짖으니
"있다."
고 했다. 5온의 작용이 꿈과 같고 환(幻)과 같으며, 물거품, 그림자와 같기 때문이다. 오·유월 염천에 눈, 서리를 볼 수 있겠는가. 그래도 아침 이슬은 둥글게 맺 히고 가을 아지랑이는 구름처럼 흘러가니 여름 녹음, 겨울 나목이 천지의 자연을 대변하고 있다.

불교방송에서 문답시간을 마련하여 김혜옥 여사와 함

께 대답하는 가운데 인터넷으로 묻고 전화로 답한 것을 조각조각 메모하였다가 내가 사는 곳까지 찾아온 여러 분들을 위하여 서무선 법사님께서 정리하여 한 권의 작 은 책으로 펴낸 것이다.

　오직 체기(滯氣)를 풀고 굴곡(屈曲)을 고르며 전도된 마음을 부처님 말씀 따라 바로 세운 것 뿐이니, 상하 전후 좌우를 보지 말고 허공 가운데 나부끼는 바람을 따라 성난 파도를 잠재우시기 바란다.

　어리석은 사람은 바람만 불면 파도를 잠재우기 위하 여 술 마시고 화투치고 노래하고 춤추는데, 힘 있는 사 람은 그 물결을 타고 바다 속을 유희하면서 파도를 잠 재운다.

　마음은 경계를 따라 흘러가지만
　흘러가는 곳은 자기도 잘 알지 못하기 때문이다.
　천만 번 흘러가더라도 하나인 줄만 알면
　기쁨과 슬픔에 속지 아니할 것이다.
〈마나라 선사〉

병신년 7월 15일
부처님 도 깨친 날　**활안 한 정 섭**

1. 문답은 생방송이었다. 전화문의로 이루어졌기 때문에 이를 낱낱이 체계를 세울 수 없어 무작위로 정리하였다.

2. 선문답형이기 때문에 자세히 설명할 수 없어 학문적인 자료가 되지 못한다.

3. 하지만 우선 맺힌 곳을 풀고, 굽은 것을 펴며, 거꾸러진 것을 바로 세운다는 마음으로 정리하였다.

4. 김혜옥 여사님과 이명박 PD님의 역할과 방송국 제작진들의 활동이 컸다. 감사를 드린다.

5. 다양한 프로그램을 가지고 그날 그날 중생들의 궁금증을 풀어주고 무지한 사람들에게 깨달음을 주는 BBS방송국이 끝없이 발전하기를 바란다.

차례

8

1 어디로 갑니까?

어떤 사람이 물었다.

"금강경에 '무거래역무주(無去來亦無住)'라 했는데, 사람이 죽으면 어느 곳으로 갑니까?

"갈 곳 없는 곳으로 가느니라."

"옛 사람이

원각산 중에 한 나무가 있는데 (圓覺山中生一樹)

천지의 꽃이 피기 전부터 있었다. (開花天地未分前)

푸른색도 흰색도 검은색도 아니고 (非靑非白亦非黑)

거기엔 아직 봄바람 하늘도 없었다 (不在春風不在天)

하였는데,

바로 그곳이 그곳입니까?"

"봄바람엔 그런 생각도 없다."

〈병신년 3월 10일〉

2 도인도 인과를 받습니까?

"법정스님께서 돌아가시기 전에 '어디로 가시렵니까?' 하고 물으니, '다시 태어나 시주의 은혜를 갚겠다' 하였는데, 이렇게 도가 높으신 분도 업보를 받습니까?"

"알고 받는 것은 도인이고, 모르고 받는 것은 중생이다. 중생은 업보에 끄달려 다니며 받지만 도인은 원력에 의해서 받기 때문이다."

"그럼 옛날에 전백장(前百丈) 후백장(後百丈)이 있다 하였는데, 바로 그와 같습니까?"

"의심하면 여우가 되고, 짖기 잘하면 개가 된다.

옛날 당나라에 하루 일하지 아니하면 먹지 않는 백장 스님이 계셨다. 법회 때마다 한 구석에 사람 아닌 것이 와서 앉아 있었으므로 불러 차 한 잔을 대접하면서 물었다.

'그대는 어디 사는가?'

'5백생을 이 백장산에 살면서 아직도 이 몸을 버리지 못하고 있습니다. 스님 같으면 업보를 받지 않고 살 만한데 어찌하여 날마다 일만 하십니까?'

'모르고 받는 것은 중생이고, 알고 받는 것은 부처다.'

'제가 옛날 이 절 주지로 있을 때 한 신도가 와서 '부

처님도 인과를 받습니까?' 물어 '받지 않는다' 대답하고
그때부터 의심이 되어 여우보를 받고 있습니다. 내일
하직 하겠사오니 이 몸을 처리해 주십시오.'

하고 떠났는데 이튿날 산에 올라가 보니 까만 여우가
숨을 거두고 있었다. 그래서 대중과 함께 화장하였다.
여기서 전백장 후백장의 설화가 나왔다."

〈상동〉

3 기도방법

"제사를 지낼 때나 조상에게 종종 기도를 드리고 소원을 비는데, 불교에서 기도 드리는 것과 어떻게 다릅니까?"

"세속적인 면에서 기도 드리는 것은 자신의 원을 신이나 조상에게 고하는 것이고, 불교의 기도는 생각을 비우는 것이다."

"생각을 비우면 바랠 것이 없어지는데요."

"하늘과 땅, 성인의 마음은 허공처럼 텅텅 비어있다. 비면 언제나 서로 통하게 되며, 그렇게 되면 바라지 않아도 일이 저절로 이루어진다."

"아, 그래서 화엄경에

만약 부처님 경계를 알고자 하면 (若人欲識佛境界)

마땅히 그 마음을 허공과 같이 하라. (當淨其意如虛空)

멀리 망상과 망설이는 마음만 없으면 (遠離妄想及諸趣)

어디로 가든지 걸릴 것이 없다. (令心所向皆無碍)

하신 거군요."

"하얀 백지에는 그림쟁이 마음대로 그림이 나타난다. 그러나 성속(聖俗), 범신(凡神)의 감응은 메아리와 같고 그림자와 같다."

4 도인도 시험을 칩니까?

어떤 신사가 물었다.

"도인도 시험을 칩니까?"

"도인을 시험하지 말라. 옛날 일곱살에 출가하여 20살에 도를 깨쳤는데 마군이들이 그를 시험하기 위해 삼매 속에 들어있는 스님께 목걸이를 하나 걸어놓았다. 스님께서 삼매에서 일어나 사람과 개, 뱀의 시체를 꾸려 아름다운 꽃사발을 만들어 그들의 목에 걸어주었다. 좋다고 가져왔는데 조금 있으니 시체들이 썩어 벌레가 득실거렸다. 놀라 대범천왕께 고하니 '10력제자들의 신통은 누구도 이길 수 없으니 참회하고 3보에 귀의하라' 하여 참회하고 다음과 같이 노래 불렀다.

땅을 인해 넘어진 사람은 (若因地倒)
땅을 딛고 일어나야 한다. (還因地起)
마음을 잘못 써 타락했다면 (若因心倒)
마음을 바로 써 일어나야 한다. (還因心起)

마군이들은 이 말을 듣고 깨달아 누구도 원망하지 않고 조용하게 도인이 되었다."

5 이름과 모양(名相)

"이 세상 모든 사람들은 이름과 모양 속에서 사는데, 불교에서는 이것을 무상하다 하니 어떻게 생각하십니까?"

"그림자인줄 알면 이름과 모양에 속지 않는다."

"무엇이 그림자입니까?"

"이 마음과 생각이 그림자이다. 내 마음, 내 생각이라는 것이 이 몸과 마음을 만들어 얽어매고 있기 때문이다. 몸은 4대 원소의 집합체이고, 마음은 그 가운데서 뿌리를 뻗고 자란 눈, 귀, 코, 혀, 몸이 빛, 소리, 냄새, 맛, 감촉을 연하여 거기서 얻어진 상식과 지식인 것인데 우리는 그것을 영원한 것으로 착각하고 있다.

그러므로 금강경에

만일 색으로 나를 보든지 (若以色見我)
음성 속에서 나를 찾는다면 (以音聲求我)
그 사람은 사도를 행하는 사람 (是人行邪道)
참 부처는 보지 못한다. (不能見如來)

한 것이다."

6 전법(傳法)

"어떤 사람이 나는 불법을 전해 받았다고 하는데, 불법은 진짜로 전해 받을 수 있는 것입니까?"

"법도 법이 아니거늘 무슨 전해 받을 것이 있겠는가. 전해 받을 것 없는 것이 법인 줄 알면 그는 언제나 법 속에서 살 것이다."

"5조 홍인스님이 6조 혜능대사에게 법을 전하고 가사와 발우까지 증거로 내려 주셨다 하는데요!"

"이것은 중국불교의 한 특징이다. 그래서 6조단경에 '부처님의 선(如來禪)이 전해졌으나 그 다음부터는 조사선(祖師禪), 분등선(分燈禪)으로 부촉만 하라'하신 것으로 안다. 몸을 깨달은 나무(身是菩提樹)로 알고 마음을 거울바닥(心如明鏡臺)과 같은 생각으로 하는 선은 진짜 선이 아니다.'

하고 다음과 같이 노래하였다.

옛 부처님들이 태어나기 이전부터 (古佛未生前)
응연히 한 둥근 빛이 있었다. (凝然一相圓)
석가도 알았다고 하지 못했는데 (釋迦猶未會)
가섭이 어떻게 전했겠느냐? (迦葉豈能傳)"

7 불교

"불교는 무엇 하는 종교입니까?"

"막힌 것을 뚫어주고, 굽은 것을 펴주며, 거꾸러진 것을 바로 세워주는 종교이다."

"어떤 것이 막힌 것입니까?"

"내가 누구인 줄도 모르고 부모 형제가 어찌하여 부모형제가 된 줄도 모르며, 오직 제 목구멍만 알고 남을 살피지 못하는 것이다."

"어떤 것이 구부러진 것입니까?"

"알면서도 행하지 않는 것이다."

"어떤 것이 거꾸러진 것입니까?"

"삿된 마음으로 인생을 잘못 살아가고 있는 것이다. 자기의 업보나 과실이 자기에게서 생긴 것이 아니라 조상이나 신 또는 물(物)에 의해 생겼다고 핑계를 대고 인륜도덕을 거역하는 자, 이 자가 거꾸로 살아가는 사람이다."

8 종교

"종교는 무엇 하는 것입니까?"

"우주인생의 근본을 밝혀 바로 살아갈 수 있도록 가르치는 교육이다."

"우주인생은 어떻게 생겼습니까?"

"인연따라 생겼다.

1만 번을 만난 자는 부모 스승이 되고,

9천 번을 만난 자는 부모 형제가 되며,

8천 번을 만난 자는 아내 남편이 되고,

7천 번을 만난 자는 애인이 되며,

6천 번을 만난 자는 이웃에 태어나고,

5천 번을 만난 자는 한 동네 사람이 되며,

4천 번을 만난 자는 한 고향사람이 되고,

3천 번을 만난 자는 한 나라에 태어나고,

2천 번을 만난 자는 한 세계에 태어나고,

단 한 번이라도 만난 자는 한 우주 속에서 놀게 된다."

"인(因)은 무엇이고 연(緣)은 무엇입니까?"

"인은 씨고, 연은 밭이다. 밭이 있어야 씨에서 싹이 튼다."

9 부모가 부모가 아니다

"'부모가 부모가 아니다' 한 분도 있는데요!"

"사랑이 깊으면 부모도 원수가 되기 때문이다.

옛날 가마라국 붓타난제가 태어나면서부터 앉은뱅이에 벙어리였다. 그런데 그의 스승 바수밀존자가 길을 지내다가 보니 어떤 집에서 빛이 나는 것을 보고 '여기 반드시 성인이 살리라' 하고 들어갔다. 문을 두드리니 아버지 되는 사람이 나와서 말했다.

'우리 집은 장애인의 집이오.'

'바로 그 사람을 찾고 있다.'

들어가보니 앉은뱅이가 벌떡 일어서며 말했다.

'나의 스승이시여, 이제서야 오셨습니다. 50년 동안이나 기다렸습니다.'

'부모의 정을 떼기가 그렇게 힘들었구나.'

하자 다음과 같이 물었다.

'부모가 내 부모가 아니라면 누가 부모입니까? 도가 내 도가 아니라면 누가 나의 도가 됩니까? 허공은 안팎이 없는데요.'

'그대는 반드시 부처님의 여덟 번째 계승자가 되리라.'

'그렇게 하겠습니다. 바른 법으로 교화하여 한량 없는 중생을 제도하겠습니다.'

그리하여 출가하여 인도 선종의 제8대 조사가 되었다."

10 법(法)에 대하여

"법이란 무엇입니까?"

"사람의 마음을 재는 도량형이다."

"누가 법을 만들었습니까?"

"본래부터 있던 것인데, 부처님은 이 법을 의지하여 정과 사를 구분하고, 공자님은 인의예지를 설했으며, 예수님은 선악을 판정하였다. 그러므로 이 법은 미오(迷悟)의 기준이 되고 은현(隱顯)을 나타내 주는 빛이며, 밝고 어두움을 판정하는 잣대가 된다."

"누가 이 법을 관장하고 있습니까?"

"스스로 그 성품을 가지고(任持自性) 만물에게 이해를 돕고(軌生物解)있기 때문에 이 세상 모든 존재가 법 아닌 것이 없다."

"하나님은 하나님의 마음을 가지고 있고, 부처는 부처의 마음을 가지고 있으며, 중생은 중생의 마음을 가지고 있다는 말씀 아닙니까?"

"물은 물로 씻을 수 없고 불은 불로 태울 수 없다."

11 뿌리 없는 나무

"뿌리 없는 나무가 있다고 하는데, 보셨습니까?"
"칠현녀경(七賢女經)에 세 가지 물건이(三般物)이 나온다."

"세 가지 물건이란 무엇입니까?"
"첫째로 뿌리 없는 나무(無根樹)이고,
둘째는 메아리가 울리지지 않는 골짜기(無響谷)이며,
셋째는 그림자 없는 땅(無影地)이다.

옛날 일곱 분의 현녀들이 남편들의 승락을 받아 매달 한 번씩 모여 경전을 읽고 토론하였는데, 하루는 그들 중 한 분의 조카가 천하의 미인이라 임금님이 간택하여 왕후가 되었는데, 갑자기 하룻 저녁 사이에 죽어 너무도 아까움으로 꽃상여에 만장을 시오리나 뻗쳐 쓰고 세상 사람들에게 구경시켰으므로 그들도 가서 구경하게 되었다. 죽은 뒤 한 달이 다 되어 시다림(屍多林)에 가서보니 겉으로 입혀놓은 옷은 찬란하였으나 그 속의 시체는 뼈만 앙상히 남아 그들은 자신들도 모르는 사이에 '악' 하고 소리를 질렀다.

그 소리가 얼마나 경악스러웠던지 하늘 제석천왕의 궁전이 흔들려 내려다보니 무념무상의 경계에 들어가

있는 그 여인들도 일찍이 이 세상에서 보지 못한 모습
이었으므로 제석천왕이 꽃다발을 가져와 공양하고 같이
사귀기를 희망하자 이 세 가지 물건을 가져오면 다 같
이 가서 시봉하겠다 하니, 4방으로 돌아다니다가 마침
내 부처님에게 가서 깨닫고, 그 후 그들과 함께 놀았다
는 전설에서 유래된 말이다.

보았는가? 이음은 본래 뿌리가 없던 인과 인연에도
걸리지 않는다."

12 삼반물(三般物)

"그렇다면 그 삼반물은 무엇을 상징합니까?"

"뿌리 없는 나무는 시간과 공간을 초월한 우리 생명의 근본원리를 말한 것이고, 메아리는 인연이며, 그림자 없는 땅은 인과이다. 세상 사람들은 그림자 없는 인과 속에서 헤매고 있으며, 메아리 같은 인연 속에 얽혀 본래 자기의 마음을 잃어버리고 있다."

"아, 그러니까 제석천왕은 자기 본래의 마음을 찾아 그들과 함께 어울리게 되었군요!"

"그렇다. 처음에는 남녀상으로 보고, 다음에는 음양의 원리에 의해 구분하였으나 인연이 모두 몽환(夢幻)과 같은 줄 알고 일불제자로 함께 놀게 되었다."

"사실 사람이 한 생각만 일으키지 않는다면 남녀노소가 모두 똑같은 사람이 되는데, 울퉁불퉁한 길을 걸어가다 보니 쓸데없는 생각이 나서 세상의 부정(不淨)이 생긴 것 같습니다."

"그러므로 부처님께서 80, 90만 되면 누구나 도인이 된다 하신 것이다.

10대 소년이 한 여인을 보고 '꽃같이 아름답다' 하니

30대 청년이 '비단같이 아름답다' 하였다.

50대 장년이 '별 것도 아니구만' 하니
70대 노년은 아무 말도 하지 아니했다.
'어찌하여 말이 없습니까?' 물으니
'나와 무슨 상관인가.' 하고 그냥 지나갔다."

13   제일의제(第一義諦)

"양무제가 달마대사를 만나 제1의제를 물었다 하는데, 왜 달마대사는 대답을 하지 아니 했습니까?"

"무상심심미묘법(無上甚深微妙法), 백천만 겁에도 만나뵙기 어려운 법(百千萬劫難遭遇)은, 말로 설명할 수 있는 법이 아니기 때문이다."

"언설은 망상이기 때문입니까?"

"말 속의 본체는 고요하고 진망(眞妄)이 따로 없다. 성품은 비어 있으니 이름도 없고 모양도 없는 것을 무슨 말로 설명할 수 있겠는가? 그래서 양무제는 달마대사가 용문석굴에서 열반에 들고 설산에서 신 한 짝만 메고 간 것을 본 송운의 말을 듣고서야 비로소 깨달았다.

'까막눈 장님이 어찌 해를 보고, 달 밝은 밤을 헤아릴 수 있겠는가. 세상이 온통 진흙 속에 파묻혀 있는데….'

하고 웅이산에 비문을 남겼다.

곰의 귀처럼 생긴 산(熊耳山)에는 지금도 달마대사의 신 한 짝이 남아있다. 그래서 시식문(施食文) 가운데, '달마대사 소림면벽지 가풍. 총령도중 수휘척이(手攜隻履)'란 말씀이 있게 된 것이다."

14 한 발짝도 옮긴 일이 없다

"부처님께서 이 세상에 태어나기 이전에는 도솔천 내원궁에 계셨고, 마야부인이 태몽에 여섯 개의 이빨을 가진 큰 코끼리로 나타난 뒤에는 룸비니 동산에서 태어났다 하는데, 어떤 스님은 '한 발짝 옮기지 않고 어머니 배속에 들어오고, 배속에서 태어나지 않고 일체중생을 모두 제도했다' 하는데, 잘 이해가 되지 않습니다."

"불법은 이해로서 아는 것이 아니고 깨달아야 안다. 도솔천 내원궁에 계실 때 부처님 마음이나 사바세계 중생들의 마음을 깨우쳐 주는 부처님 마음이 둘이 아니므로 가고 옴이 없는 것이다."

"아, 그렇다면 32상 80종호의 모습을 보고 우리는 태어났다 죽었다 하는데, 도인들은 한 마음을 보고 거래 생사를 점치는 것이 다르군요!"

"그렇지만 모양 속에 그림자가 나타나고, 소리 속에 메아리가 울리는 것은 부정할 수 있겠는가. 이 세상 모든 것은 체·상·용(體·相·用) 속에서 한 마음의 작용을 일으키는 것이니 모양을 보고 있다 없다, 작용을 보고 잘한다 못한다 따지지 말라. 잘하면 신통묘용이고, 못하면 바보천치이지만 본래 우리 마음 속에는 흥망성쇠 길흉화복이 없다."

15 망명보살(網明菩薩)

"염송(拈頌)에 보면 망명보살이 부처님 앞에 앉아 천불이 출세할 때도 일어나지 아니 하였는데, 한 보살이 나타나니 벌떡 일어나 절하고 그의 앞에 꿇어앉아 차를 대접했다 하는데, 이해할 수 없습니다. 부처님보다 그 보살이 더 소중합니까?"

"그래서 이 세상에는 인연이 소중한 것이야. 평상시는 바늘 귀 하나도 통하지 않던 사람이 때론 거마(車馬)로 비단과 보물을 싣고 가기도 하거든."

"인연이 소중하다니요? 망명보살과 그 보살이 무슨 인연이 있습니까?"

"스승과 제자의 인연이지. 스승이 오셨는데 제자가 일어나지 않고 앉아 있으면 되겠는가. 그러므로 제5제다가 존자가 제4조 우바국다에게

높고 높은 칠보산에서 (巍巍七寶山)
지혜의 샘 솟아오르니 (常出智慧出)
마음 돌려 참 법미 맛보게 하며 (迴爲眞法味)
인연있는 사람들을 제도하시네 (能度諸有情)

하신 것이다."

16 도인(道人)

"도인은 남의 마음을 훤히 안다고 하는데, 도인은 어떻게 남의 마음을 압니까?"

"마음이 거울처럼 맑고 깨끗하기 때문이다. 도를 통하면 여섯 가지 특별한 일이 생기는데,

첫째는 천안통이니, 하늘 눈을 가지고 천만 리 밖의 모든 것을 볼 수 있는 것이고,

둘째는 천이통이니, 무슨 소리고 멀고 가까운 소리를 다 들을 수 있는 것이고,

셋째는 타심통이니, 사람 사람의 마음을 훤히 들여다보는 것이며,

넷째는 숙명통이니, 전생의 일을 훤히 아는 것이고,

다섯째는 누진통이니, 번뇌망상이 다 없어졌는지 덜 없어졌는지 훤히 아는 것이고,

여섯째, 신족통이니, 이상 다섯 가지 신통을 모두 구족하여 온갖 변화를 마음대로 할 수 있는 것이다."

"중생은 제 마음도 마음대로 하지 못하는데, 도인은 무엇이고 신통자재하니 참으로 신통합니다."

"그래서 도를 닦는 것이니까 남의 구경만 하지 말고 열심히 공부하세요."

17 오안(五眼)

"도인에게는 다섯 가지 눈이 있다면서요?"
"그렇다.
첫째는 부모님께서 받은 육안(肉眼)이 있고
둘째는 하늘세계를 보는 천안(天眼)이 있고
셋째는 옳고 그름을 판단할 수 있는 혜안(慧眼)이 있고
넷째는 온갖 법칙을 다 아는 법안(法眼)이 있고
다섯째는 보는 대로 깨닫는 불안(佛眼)이 있다.

육안은 앞만 보고 뒤를 볼 수 없는 한정된 눈이고,
천안은 툭 터져 동, 서, 남, 북 시방세계를 분간할 수
있는 눈이고, 혜안은 선악, 염정, 흑백, 온갖 것을 분간
할 수 있는 눈이고, 법안은 기후, 풍토, 지리 등 온갖
자연의 법칙을 온전히 깨달아 아는 것이고, 불안은 보
는 대로 깨닫고, 듣는 대로 깨달으며, 자기와 남의 모
든 것을 다 깨달아 아는 것이다.

문수보살이 가나제바가 오는 것을 보고 시자에게 발
우에 물을 채워 놓도록 하였더니 들어오면서 그것을 보
고 바늘을 던져 동동 뜨게 하여 용수의 법을 받았다."

〈염송 제2권〉

18 가나제바와 나후라다

"전등록에 보면 가나제바가 일찌기 그의 아버지와 함께 목이버섯을 따 먹고 출가하였다 하는데, 그럴 수가 있습니까?"

"그럴 수가 있기 때문에 그런 이야기가 나온 것이다. 가나제바는 남천축국인으로 애꾸눈을 가진 사람이었다. 재가생활 중 복 짓기를 좋아하였다. 그의 아버지와 함께 비라국의 범바정덕을 공양하였는데, 그 뒤 그의 정원에 곰 귀처럼 생긴 목이버섯을 따다가 3년 동안 실컷 먹었다. 그러나 다른 사람들 눈에는 뜨이지 아니 했다. 용수보살이 듣고 말했다. '그것은 은혜의 보답이다. 그의 아버지 나이 81세가 되면 자연 소멸될 것이다.'

과연 석 달 인연이 3년을 갔다.

제바가 용수보살을 찾아가니 시자를 시켜 발우에 물을 가득 떠 입구에 놓아 두었다. 제바가 가지고 있던 바늘을 던지니 용수가 그 지혜를 알아보았다. 스승 용수가 설법하는데, 빛만 사방으로 가득하고 사람은 보이지 않자,

'이는 불성(佛性)이 이름과 모양이 없음을 설한 것이다.'

하고 법·보·화 3신의 이치도 깨달았다. 이에 용수가 전법하였다.

일체법을 전할 사람에게 (本對傳法人)
해탈의 이치를 설한다면 (爲說解脫理)
법은 실제 증득할 것이 없어 (於法實無證)
시작도 끝도 없다. (無終亦無始)

그때 가비라국 사람 나후라다가 실라벌성에 이르러 금수(金水)를 보고 금강계만다라와 태장계만다라에 관해 설하고 무명무상의 이치를 설했다.

법은 실로 증할 것이 없으므로 (於法實無證)
취할 것도 버릴 것도 없다 (無取亦無離)
법은 있는 것도 아니고 모양도 없으니 (法非有無相)
안팎에서 무엇이 일어나겠는가 (內外云何起)."

19 금강계만다라와 태장계만다라

"라후라다 스님께서 설했다고 하는 '금강계만다라'와 '태장계만다라' 라고 하는 것이 무엇입니까?"

"금강계만다라는 법신여래의 큰 지혜를 변함 없는 다이아몬드에 비유하여 설한 것인데, ① 구류손불 ② 구나함모니불 ③ 가섭불 ④ 석가모니불 ⑤ 미륵불이다. 이들은 시간 속에 나타나 수행을 통하여 중생들을 교화하므로 오과불(3果佛)이라 하고, 공간적인 5불로는 ① 대일여래(中) ② 아촉불(東) ③ 보생불(南) ④ 아미타불(西) ⑤ 석가불(北)을 든다. 이들은 모두 시간과 공간을 통해서 세상에 몸을 나투어 중생을 교화하는 부처님들이다.

그리고 태장계만다라는 일과 이치를 어머니 배 속에 있는 태아를 중심으로 맞추어 풀이한 것인데 여기 ① 중대팔엽원 ② 변지원 ③ 연화부원 ④ 금강수원 ⑤ 지명원 ⑥ 석가원 ⑦ 지장원 ⑧ 허공장원 ⑨ 제개장원 ⑩ 문수원 ⑪ 소실지원 ⑫ 외금강부원 ⑬ 4대호원 등 13원이 있고, 그 내부에는 414존이 있다.

이것이 장차 탱화(幀畵), 불화(佛畵)로 형성되었는데, 밀교계통의 학설로서 특히 티베트에서 발달하였다. 이 세상 모든 것은 사실적으로 나타날만한 씨앗(因曼陀羅)이 있고, 그 씨앗을 배경으로 해서 다시 씨앗을 퍼트리는 제2, 제3의 씨앗(果曼茶羅)이 있기 때문에 그 인과를 말로 다 설할 수 없다. 단지 한두 가지 변화를 따라 일과 이치, 부모 자식지간을 설명하고 스승과 제자를 따라 배역(配役)한 것이다. 그러므로 시식할 때 5여래를 부르며 다음과 같이 영가를 깨우친다.

다보여래께 귀의하오니 모든 영가들께서는
법재를 구족하시옵소서.
묘색신여래께 귀의하오니 모든 영가들께서는
더러운 몸 버리시고 원만한 상호를 갖추소서.
광박신여래께 귀의하오니 모든 영가들께서는
여섯 가지 범부의 몸 버리시고 허공신을 깨달으시옵소서.
이포외여래께 귀의하오니 모든 영가들께서는
모든 두려운 마음 버리시고 열반락을 누리옵오서.
감로왕여래께 귀의하오니 모든 영가들께서는
막힌 목을 뚫고 감로미를 맛보소서.”

20 염불로도 성불할 수 있습니까?

"선방의 스님들은 참선해야만 도를 깨달을 수 있다 하는데 염불로도 깨달을 수 있습니까?"

"공부하는데는 염불, 참선, 진언, 독경에 구분이 없다. 왜냐하면 도는 삼매 속에서 이루어지기 때문이다."

"삼매(三昧)라니요?"

"삼매는 정신통일의 경계를 말한다. 삼매를 얻으면 올라가고 내려가는 길을 저절로 볼 수 있나니, 염불삼매, 독서삼매, 선삼매, 진언삼매 등 모든 것이 다 삼매로 통한다. 그러므로 고려 때 나옹스님의 누나가,

'아미타불이 어느 곳에 계신지
끝까지 찾아보세요.
생각이 생각 없는데 이르면
눈, 귀, 코, 혀, 몸, 뜻에서 자금광을 발할 것입니다.'

한 말을 듣고,

'태어날 때 어느 곳에서 왔고
죽어서는 어느 곳으로 가는가.
태어난다고 하는 것은 한 떨기 구름이 이는 것 같고

죽는다고 하는 것은 한 떨기 구름이 스러지는 것 같네
그러나 한 생각은 생각을 따르지 않나니
가나오나 항상 그대로 있기 때문이네.'

하신 것이다."

21 도풍(道風)

"도풍이 있다고 하는데, 사실입니까?"

"있다. 옛날 실라벌성 장엄보살의 아들 승가난제가 태어나면서부터 말을 하였는데, 항상 부처님덕을 칭찬하였다. 일곱 살에 출가하기를 희망하였으나 허락하여 주지 아니 하니 종일 단식하므로 할 수 없이 허락하고 선이다 스님께 부탁하였다.

'내 자식을 보살펴 주십시오.'

그 후 10년 동안 하루도 게을리 하지 않았으나 왕궁에 있으면서 출가하였다 할 수 없으므로 하루는 홀로 허공의 빛을 따라 10여 리 정도 가니까 바위 밑 동굴이 있어 그 속으로 들어갔다. 다시 10년 후 인가를 받은 후 여기저기 다니다가 마제국에 이르러 갑자기 솔솔 바람이 불어오는 것을 느끼고 비로소 도인이 있는 곳임을 알았다. 산꼭대기에 올라갔더니 과연 무지개와 같은 일산 아래 한 아이가 손에 한 둥근 거울을 하나 들고 나타났다. 스님께서 물었다.

'너, 몇 살이냐?'
'백 살입니다.'
'어려보이는데!'

'상관없습니다.'

'착한 근기의 소년이로다.'

'옛날 부처님께서 만약 백 살을 살더라도 제불의 법기를 깨닫지 못한다면 하루 살며 도를 깨닫는 것만 못하다 하였습니다.'

'네 손에 들고 있는 것이 무엇이냐?'

'모든 부처님들의 크고 밝은 구슬입니다.'

두 사람은 서로 비추어보니 한 사람도 구김살이 없었다. 부모가 이 말을 듣고 즉시 출가를 허락하였으므로 의식을 갖추어 이름을 가야사다라 지어 주었다.

어느 날 바람이 불어 풍경을 울리니 난제스님이 가야사다에게 물었다.

'풍경이 우느냐? 바람이 우느냐?'

'바람도 풍경도 아니고 제 마음이 울고 있습니다.'

'훌륭하고 훌륭하다.'

하고 게송을 읊었다.

마음 땅은 본래 태어남이 없는데
그 땅으로 인하여 연이 일어난다.
연과 종자가 서로 방해하지 아니하므로
꽃과 열매가 맺히는 것이다.

하고 곧 나무 아래의 가지를 잡고 열반에 드셨으므로
바로 그 자리에 탑을 세워 봉안하였다. 그 해가 바로
전한 소제 13년 정미였다."

22 선행자와 악행자

"불법에 선인선과 악인악과라 하였는데, 어찌하여 좋은 일만 하고도 일이 잘 안 되고, 나쁜 일만 하고도 건강하고 일이 잘 되는 사람이 있으니 이해가 잘 아니 됩니다."

"짓고 받는 시기가 서로 같지 않기 때문이다.
금생에 지어 금생에 받는 사람도 있고
금생에 지어 내생에 받는 사람도 있다.
금생에 지어 내내생에 받는 사람도 있고
금생에 지어 언제 받을지 모르는 사람도 있기 때문이다.

금생에 지어 금생에 받는 사람은 마치 가난한 사람이 하루 벌어 하루 먹어 버리는 것 같고, 금생에 지어 내생에 받는 사람은 1년 새경을 한꺼번에 받는 것 같으며, 내내생에 받는 사람은 일을 하여 저축했다가 이자까지 받는 사람이고, 언제 받을 지 모르는 사람은 때와 장소가 잘 맞지 아니한 까닭이다.

경전에는 이러한 경우를 순현·순생보, 순후보, 무결정보라 하였는데, 빚을 주고 받을 사람이 이 세상과 저 세상에 각각 태어나 갚으려 해도 갚지 못 하는 것은 이 때문이다. 그러나 지은 바 업보는 반드시 받고 갚게 되어 있으니 의심할 필요가 없다.

천태지자대사가 바위 위에 앉아 있는데 한 포수쟁이가 와서 물었다.

'방금 멧돼지 보지 못했습니까?'

'이 미련한 꿩새끼야, 잠시 여기 앉아 숨이나 고르라.'

'내가 왜 꿩새끼입니까?'

'옛날옛적 배나무 밑에서 뱀 한 마리가 알을 품고 있었는데, 까마귀란 놈이 그 나무에 앉았다가 날아가는 바람에 큰 배가 머리 위로 떨어져 죽었다.

'누가 나를 이렇게 죽이는지 모르지만 기필코 이 과보를 갚으리라.'

그래서 그 뒤 뱀은 멧돼지가 되어 너삼을 파 먹고 살았는데, 하루는 너삼뿌리를 파먹고자 바위 밑을 뒤지다가 돌맹이 하나를 굴려 밑에서 알을 품고 있는 꿩을 치어 죽였다. 꿩 또한 죽으면서 '내 이 과보를 반드시 갚으리라' 하며 죽은 뒤 포수쟁이가 되었는데, 지금 도망 간 멧돼지가 바로 그였다.'

포수쟁이는 그 자리에서 3생의 인과를 깨닫고 출가하여 천태대사의 제자가 되었다."

"아, '까마귀 날자 배 떨어진다'는 말이 거기에서 생겼군요."

"그렇다.
오비이락파사두 (烏飛梨落破蛇頭)
사변이저전식치 (蛇變爲猪轉石雉)
치작렵이욕사저 (雉作獵人欲射猪)
도사위설해원결 (導師爲說解怨結)
이 바로 그 말이다."

23 고행불교와 예배불교

"저의 주위에는 하루에 한 때만 먹고, 하루 3천 배씩 하고, 만 번씩 불보살의 명호를 부르는 사람이 있는데, 이런 분들도 도를 깨달을 수 있습니까?"

"당연히 깨달을 수 있다. 그러나 거기에 집착하면 도를 깨닫는 것이 느리다. 옛날 사야다 존자가 변행두타를 만나 말했다.

'나는 애써 도를 구하지 아니 하지만
인과를 믿으며,
나는 부처님께 따로 예배를 드리지 않지만
거만한 마음이 없고,
오랫동안 앉아 있지 않지만
해태하지 않으며,
하루에 한 때만 먹지만
비시식하지 않고,
아무 것도 구하는 것이 없으니
탐욕을 부리지 않는다.'

이 말은 계를 지키며 이상한 짓 하지 않는 사람이 도에 가깝다는 이야기다. 몇 일씩 용맹정진하다가 2, 3일 자고, 며칠씩 먹지 않다가 한꺼번에 다 먹는 사람은 정상적인 사람이 아니다.

　그러나 변행두타는 말하기를,

　'실로 그러한 방법으로는 고행하는 것이 아니고 수행하는 것이 아니며, 고행하는 것이 너무 지나쳐 과불급이 되지 않도록 내가 말한 것인데 혹 화를 내지 아니했는지 알 수 없다.'

　하니

　'화는 무슨 화입니까. 거문고 줄이 지나치게 팽팽하면 그만 끊어지게 된다는 것을 알아 마음을 편안하게 가지고 분노를 일으키지 아니 했습니다.'

　하여 곧 법을 전해 받았다."

　말 아래 무생을 깨달으니 법계성과 같구나.

　(言下令無生 同於法界性)

　누구나 이렇게 안다면 일과 이치를 통달하리라.

　(若能如是解 通達事理竟)

24 백혈구 사건

"신라 때 순교한 이차돈의 목에서 흰 피가 솟았다 하는데, 사실입니까?"

"이같은 일들은 인도에서도 있었고, 중국에서도 있었다. 인도에서는 선종 제24대 사자비구가 그랬고, 중국에서는 백족화상이 그랬다."

"어떻게 그럴 수가 있습니까?"

"마음이 깨끗하면 붉은 피(적혈구)가 희어(백혈구)진다."

사자존자는 23대 학로나 존자에게서 법을 받고 계빈국에 가서 선정인 달마달을 교화하고, 전법제자를 찾고 있을 때 파사사다가 태어나면서부터 쥔 왼쪽 손을 펴지 않고 있는 것을 보고 '내 구슬 내놓으라'하니 갑자기 손을 펴고 전생에 주었던 구슬을 주었다. 이에 사자존자는 그 아이에게 가사를 전하고 남천축국으로 보낸 뒤, 자신은 전생의 과보를 받을 생각으로 외도 마목다와 도락차와 함께 계빈국에 그대로 머물고 있었다.

그때 두 외도가 전란을 일으켰다가 실패하자 절을 빼앗고 모든 스님들을 죽여 불법을 소멸한 뒤 마지막으로 스님을 칼로 쳤는데 목에서 흰 피가 솟으며 임금님의 팔이 떨어졌다. 임금님은 그 뒤 1주일 만에 죽고 그의 아들이 나라를 계승하였다.

〈성주집·보림전〉

　백족화상은 중국에 처음 불법을 편 전법사다. 맨발로 돌아다녀도 발에 진흙이 묻지 않는다는 소식을 임금님이 듣고 그를 잡아 사자굴 속에 넣었지만 사자가 먹지 아니하므로 스님의 목을 베게 하였는데, 흰 젖이 석 자나 솟아올랐고, 이로 인해 임금님이 죽으면서 불교의 홍포를 풀어주게 되었다. 고구려 불교의 시초가 이 분으로부터 시작되었다고 전한다.

25 수계(受戒)에 대하여

"계를 꼭 받아야 합니까?"

"스스로 알아 지킬 줄 아는 사람이라도 스승에게서 계를 받으면 마음 속에 새기는 잠명(箴銘)이 된다. 그러므로 계를 꼭 받아야 한다."

"개인적으로 받아야 합니까? 여러 사람이 함께 받아야 합니까?"

"증사가 있는데서 함께 받으면 파계를 했을 때도 그 분들이 증인으로서 참회하는데 도움이 된다."

"왜 계를 지켜야 합니까?"

"건강하게 그리고 평화롭고 행복하게 잘 살기 위해서 계를 받는다. 계는 자비의 종자이고 사랑의 씨앗이 되기 때문이다."

26 살생유택(殺生有擇)

"원광법사의 계에는 살생유택이라 새겨져 있는데요."
"불가피하게 살생할 때는 살생을 하되 가려서 하라는
말이다."

"어떻게 가립니까?"
"첫째, 때로 가릴 때는 6재일을 가리며,
둘째, 물건을 가릴 때는 생활필수의 축생인 소와 말,
개 닭, 돼지 등을 가리는 것이고,
셋째, 양을 따질 때는 먹으나마나 크게 도움이 되지
않는 것, 즉 한 젓가락도 되지 않는 것을 함부로 죽이
지 않는 것이며,
넷째, 봄과 여름 등 산란기를 가리는 것이고,
다섯째, 고기는 영양보충에 필요하나 필요 이상을 죽
이지 않는 것이니, 한두 점으로 만족하는 것이다.

인도 스님들은 직접 죽이거나, 죽이는 것을 본 것,
죽는 소리를 들은 것, 피를 흘리는 것을 본 것들을 먹
지 아니했으며, 반드시 세 사람의 손을 거친 삼정육(三
淨肉)을 먹었다. 그래서 불교를 위해 '정육점'이란 가게
가 처음 생기게 되었다."

옛 사람들이 계를 칭찬하였다.

계는 대약병 중 양약이고 두려움의 수호자며
어두움 가운데 등불이고 3악도를 건너가는 교량이다.

계는 큰 스승으로 만물을 판단하는 능력이 있고
숨겨진 보물로 가난을 구제한다.
사람의 발과 같아 이르지 않는 곳이 없고
해와 달, 땅과 같아 능히 만물을 성장시킨다.

영락과 같아 이 몸을 장식하고
바다와 같아 모든 강물을 받아 드리고
두주(枓柱)와 같아 성도의 의지처가 되며
온갖 보살들을 깨닫게 만든다.

계는 성곽과 같아 모든 것들을 에워싸주고
맑은 물과 같아 묵은 때를 씻어주고
영락과 같아 법신을 장엄하고
금은보배와 같아 진리의 보배가 되고
배와 같아 능히 고통의 바다를 건내어준다.

보살에게는 4분율이 있고
비구에게는 5분율이 있으며
61품 범망경은 널리 진노업흑문을 밝힌다.

모두 이것은 진법계의 보현행으로
한 마음으로 모든 것을 거두어 드리나
성문연각 2승들의 편벽된 행과는 같지 않다.

27 약용동물(藥用動物)

"약으로 먹을 때는 어떻게 합니까?"

"미안하고 감사한 마음으로 먹고, 건강을 회복한 뒤 반드시 그 은혜를 갚겠다 서원해야 한다. 이 세상 생명은 대소, 귀천을 막론하고 귀하지 아니한 것이 없으며, 죽기 전에 굶기고 때려서 괴롭게 하면 아니 된다.

그래서 옛 임금님께서는 내일 사형집행을 받을 자라도 잘 먹여 한을 풀고 죽게 하였다."

"대수대명(代數代命)한다고 닭이나 고양이, 소 등의 짐승들을 물에 빠트려 죽이는 경우도 있는데요."

"미련해서 그런다. 타고난 명은 때가 되면 접시물에도 빠져 죽게 되어 있다. 남의 생명을 죽여 내가 살아난다고 해서 무슨 복이 되겠느냐. 가능하면 풀 한 포기도 함부로 뽑아버리는 살생을 해서는 아니 된다. 그래서 인도에서는 꺼욱이 비구가 생겼고, 중국에서는 초계 비구가 3대 임금님의 스승이 된 경우도 있다."

"어업을 하거나 축산을 하는 사람들도 있는데요?"

"중생의 복지를 위해서 어업을 하는 사람은 희귀한 생명과 경계(禁止)된 생명을 함부로 죽이지 않고 방생하며, 살생으로 번 돈을 사회복지에 써서 복된 일을 한 사람들도 많다.

개나 닭을 기르는 사람이 개나 닭고기를 먹지 않는 것을 많이 보았고, 소를 기르는 사람이 소를 무자비하게 학대하는 것을 보지 못했다. 일타스님의 어머니는 지이산에 등산 갔다가 염소가 환생하여 부모를 괴롭게 하는 언청이를 수술해주고 인과를 깨우쳐 다시는 염소를 학대하여 잡아먹지 않게 한 일이 있다.

방생하면 기분이 좋아지고, 기분이 좋아지면 기쁨이 생겨 건강하고 오래 살게 되어 있다."

28 3보에 대하여

"3보에도 여러 가지 3보가 있다는 말을 들었는데요!"
"그렇다. 진흙이나 나무들을 조각해 모신 니감소상불
도 있고, 누른 책 껍데기를 붉은 실로 묶은 황권적축법
도 있고, 머리 깎고 먹물 옷 입고 가사장삼 걸친 삭발
염의승도 있다."

"그런 3보를 주지삼보라 하던데요?"
"그렇다 그것은 한번 이름지어 지면 주소가 분명하기
때문이다. 법주사 부처님, 해인사 대장경, 통도사 스님
하고 말이다."

"그러면 별상삼보란 무엇입니까?"
"마음 한 가지를 체·상·용으로 보아 분별한 것이니
법신·보신·응신부처님과
교와 이치, 행과 결과가 다른 법이며
10주·10행·10회향·10지, 계단 따라 달리 이해된
스님이니 마치 초등학교, 중학교, 고등학교, 대학생과
같은 것이다."

"그러면 또 다른 3보도 있습니까?"
"모든 것을 하나로 보고 본래 있는 그대로 말하는 3

보가 있다. 말하자면,

　자기 성품을 스스로 깨달은 성자영각불이 있고
　성품이 본래 고요한 성본적멸법도 있으며
　성품을 어기지 않고 사는 성무괴쟁승이 있다.

　또 개부처, 소부처, 사람부처가 본래부터 부처님이었고
　기쁨따라 느끼는 본문본법이 있고
　인연따라 깨우침을 주는 본문본승이 있다.”

　“아, 그래서 법화경 여래수량품을 본문본불이라 하고, 분별공덕품, 수희공덕품, 법사공덕품, 상불경보살품을 본문본법이라 하고, 종지용출품, 촉루품을 본문본승이라 하는군요!”

　“그렇다. 모든 경전은 이상 3보를 증명하는 것이므로 잘 읽고 판단해 보면 알 수 있다.”

29 주행칠보(周行七步)

"부처님께서 처음 태어나실 때 4방으로 일곱 발짝씩을 걷고, 한 손은 하늘을, 다른 손은 땅을 가리키며 '천상천하 유아독존'이라 하셨다는데, 사실입니까?"

"까치는 가르치지 아니해도 깍깍 울고, 노루는 훈련을 시키지 아니해도 태어나면서 걷는다."

"부처님께서 밝은 별을 보고 도를 깨달으셨다 하는데, 별을 보지 못한 사람은 도를 깨달을 수 없다는 말입니까?"

"모든 것은 시절, 인연 속에서 이루어지고 있다. 천년 복숭아 씨앗 속에 푸른 매화가 들어있으나, 장군의 소리를 듣지 못하면 갈정을 쉴 수 없느니라."

"매실은 시고 감초는 달다는 말씀이군요!"

30 무거래(無去來)

"선문염송에, '부처님께서 도솔천을 여의지 않고 왕궁에 태어나시고, 어머니 뱃속에서 태어나지 않고 모든 중생을 다 제도했다' 하셨다 하셨는데 사실입니까?"

"보신(報身)과 화신(化身)은 처소가 분명하지만 법신은 초시간, 초공간이라 처소가 없으므로 왕래 또한 없다. 그러므로 취암(翠巖)스님이 '여기 이르러서는 입이 있어도 말을 할 수 없다' 하였다."

"아, 그래서 하루는 부처님께서 자리에 올라 설법하시려 하자 선정에 든 대중을 보고 문수가 '법왕법(法王法)이 이러하니 자세히 관찰해 보라'하시니 세존께서 즉시 자리에서 내려오셨군요!"

"하늘에 달은 하나이지만 천강만호에 모두 다 달이 떠 있기 때문이다. 하필이면 동풍에 꽃이 피고 서풍에 잎이 지겠느냐! 겨자 속에 겨자가 들어있고 잣 속에 잣이 들어있느니라."

31 악인성불(惡人成佛)

"데바닷다가 감옥에 갇혀 있을 때 아난이 문안 가서
'얼마나 고생이 많으십니까?'
하니 '3선천보다 더 즐겁다.'
하여 부처님께 아뢰니, 부처님께서
'고생한 사람이어야 참 즐거움을 알 수 있다.'
하였는데 이해가 잘 가지 않습니다."
"젖 떨어진 애기는 어머니 없어도 살 수 있다."

"또, '언제나 이곳에서 나오시겠습니까?'
물으니
'석가부처님이 여기 와 계시면 내가 나간다고 하여라'
하였는데, 3계도사 4생자부가 무슨 할 일이 없어 감
옥에 들어가겠습니까?"
"호랑이 잡으려면 호랑이굴에 들어가야 하고, 쥐를
잡으려면 고양이가 되어야 하기 때문이다. 데바닷다는
부처님을 괴롭힌 과보로 장차 천왕여래가 된다 하였느
니라. 부처님을 시험하는 것도 마왕파순이다. 원증이
없는 삶을 부처님이 아니고는 누가 알겠느냐!"

32 염화미소(拈花微笑)

"부처님께서 영산회상에서 법화경을 설하실 때 꽃을 드시니 가섭이 빙그레 웃으셨다 하는데 왜 웃으셨습니까?"

"정법안장(正法眼藏)이 그 속에 들어 있었기 때문이다."

"눈먼 거북이 천 년 바다 속에 윤회하다가 구멍 뚫린 나무를 만나지 못하면 숨 한 번도 제대로 쉬지 못하고 빠져드는 것과 같습니까?"

"만약 가섭이 웃지 아니했다면 누구에게 맑은 바람을 부여했겠느냐?"

"그래서 다자탑 앞에서 자리를 나누어 앉으시고 니연 선라에서는 두 다리를 쭉 뻗으셨던 모양입니다."

"아들 많은 사람 묘 속에 탑자리가 있고, 죽은 사람의 발자국 속에 천 년의 역사가 들어있다."

33 살인검(殺人劒)과 활인도(活人刀)

"불법에는 살인검과 활인도가 있다고 하는데, 사실입니까?"

"칼은 같은 칼이어도 사람이나 짐승을 죽이면 살인검이 되고, 죽을 사람을 살리면 활인도가 된다."

"그런 칼을 쓴 사람이 있습니까?"

"고려말 나옹스님이 중국에 갔다가 평산처림을 만나니 물었다.

'어디서 왔는가?'

'연경에서 왔습니다.'

'누구를 만났는가?'

'지공스님을 만났습니다.'

'지공은 무엇을 쓰더냐?'

'천 개의 검을 마음대로 쓰고 있었습니다.'

'천 개의 칼은 그만두고 그대의 한 칼을 보여다오.'

나옹은 벌떡 일어나 좌구로 평산을 쳐서 넘어뜨렸다.

'저 놈이 나를 죽이는구나.'

하니 금방 달려가 평산을 일으키며 말했다.

'나의 칼은 이렇게 사람을 죽이기도 하고 살리기도 합니다.'

하니 평산이 껄껄 웃었다."

34 동자지(童子地)

"화엄경에 동자지가 있다고 하는데, 사실입니까?"

"어린 아이처럼 천진난만하게 되면 동자지에 이른다."

"험악한 중생이 어찌 동자지를 얻을 수 있겠습니까?"

"혜월스님은 일자무식이지만 배아픈 사람들에게 흰죽을 쒀주어 배아픈 병을 낫게 하였고, 도둑놈에게 등짐을 밀어주고 배고픈 사람을 건져주기도 하였다."

"요즘 세상에 그런 짓 하다간 굶어 죽기 십상입니다."

"100세 살아도 한 세상이고, 10세 살아도 한 세상인데, 한 세상에 태어나 좋은 일 하다 가면 그만이지 그걸 이리 따지고 저리 따질 수 있겠느냐. 바보천치도 한 세상이고 호걸식자도 한 세상이다. 어떤 동자가 일류강사들이 모여 논을 강하는 곳에 가서 죽비 하나를 방바닥에 굴리면서 물었다.

'이것이 무슨 글자입니까?'

누구도 답하는 사람이 없었다.

'천하명승들이 8만대장경을 논하면서 나라의 임금님도 모릅니까?'

'방바닥에 구르는 죽비가 어찌하여 임금님입니까?'

'방바닥은 흙(土)이고, 죽비는 일(一) 자이니, 이 둘을 합하면 임금왕(王)자가 되지 않습니까?'

천진난만한 동자로다."

35 좋은 일

"좋은 일, 좋은 일, 어떤 것을 좋은 일이라 합니까?"

"좋은 일도 없는 것만 못하다."

"그대로 좋은 일은 좋은 일 아닙니까?"

"배고픈 사람에게 밥 주고, 헐벗는 사람에게 옷 주는 일이 좋은 일이다."

"그거야 3척동자도 다 아는 사실입니다."

"3척동자는 알아도 80노인도 실천하기는 어렵다."

"스님들은 무소유라 좋은 일 할 것도 없는 것으로 아는데요."

"옛 스님들은 산 고개에다 원두막을 짓고 오이, 참외를 심어 보시하기도 하였고, 신발이 없어 맨발로 걸어가는 사람들께 짚신을 삼아 신겨주기도 하였다."

"농사도 짓지 않는데 짚은 어디서 납니까?"

"농사짓는데 가서 일해주고 일값 대신 짚을 얻어 오기도 하고, 곡식을 얻어 오기도 하여 밥그릇마다 차려놓고 허기진 사람들에게 보시하였다.

전주 덕진에서 식모살이하던 덕진이가 손님들이 남긴 밥을 말려 두었다가 밥을 사 먹지 못하는 사람들에게 주어 염라국에 700석을 저축하였다가 전주감사에게 빌려주어 덕진다리를 놓은 일도 있었다."

36 석인(石人)

"돌사람도 아기를 낳습니까?"

"3세제불이 모두 돌사람들의 자식들이다."

"아 그래서 죽은 사람 입관할 때

유안석인대하루(有眼石人齋下淚)

무언동자암차허(無言童子暗嗟噓)

라 하는군요!"

"그 소식은 입관할 때 칠성띠를 매어 관 속에 들어가는 모습을 본 사람만이 알 수 있는 일이다."

"석녀 작가 정연희씨가 잉태하지 못하다가 깨달은 경지인 것 같습니다."

"그래서 만공스님은 경허(鏡虛) 성우(惺牛) 스님의 영정을 만들어 놓고

빈 거울에는 본래 거울이 없고

깨친 소는 일찍이 소가 아니다.

거울도 없고 소도 아닌 곳에

살아있는 눈, 자유로운 술이 그대로 색이다.

한 것이다."

37 임종게(臨終偈)

"임종게란 무엇입니까?"
"죽기 전에 내뿜는 한숨소리다."
"어디에 그런 것들이 남아 있습니까?"
"만공스님이 읊었다.

일체가 바람 따라 왔다가 (一切隨風生)
일체가 바람 따라 간다. (一切隨風滅)
바람 온 곳을 알면 (了得風來處)
무생역무멸이라. (無生亦無滅)

나옹스님 누님도 이렇게 말했다.

올 때는 어느 곳으로부터 왔고
(生隨何處來)
갈 때는 어느 곳으로 가는가
(死向何處去)
태어나는 것은 한 떨기 구름이 이는 것 같고
(生也一片浮雲起)
갈 때는 한 떨기 구름이 스러지는 것 같네.
(死也一片浮雲滅)

뜬 구름은 본래 실이 없는 것

(浮雲自體本無實)

생사거래 또한 이와 같다.

(生死去來亦如然)

그러나 여기 한 물건이 항상 이슬처럼 빛나

(獨有一物常孤露)

맑은 모습 그대로 생사를 따르지 않는다.

(湛然不隨於生死)."

38 오도송(悟道頌)

"오도송이란 무엇입니까?"
"한 생각 깨달음을 얻었을 때 자기도 모르게 흘러나오는 노래다."

"그런 것이 어디 있습니까?"
"옛 사람이
'산이 산이 아니오, 물이 물이 아니다.'
하니
'산은 산이오, 물은 물이다.'
하였다. 그 제자가
'산이 산이 아니고, 물이 물이 아니다.'
하니
'아는 자는 말하지 않고, 말 하는 자는 알지 못한다.'
하였다. 그래서

옛 부처님들이 태어나기 전 (古佛未生前)
분명히 한 둥근 모습 있었는데 (凝然一相圓)
석가도 오히려 알았다고 말하지 못했는데 (釋迦猶未會)
가섭이 어떻게 전했겠느냐 (迦葉堂解傳)

하였던 것이다."

39 탄생게(誕生偈)

"그렇다면 태어날 때도 한 가지 송이 있을 것 아닙니까?"

"응애애(應哀哀)에 한 번 터뜨린 호흡성(呼吸聲)이 그것이다."

"석가모니 부처님은
천상천하(天上天下) 유아독존(唯我獨尊)
이라 하였다 하는데요?"

"뒷사람들이 꾸며서 말했으나, 오히려 '응애애!' 소리만 못하다. 나는 사람이라는 소리를 통해서 유아독존을 외쳤으니 말이다."

"소리 없이 태어나는 놈도 있습니까?"

"벙어리는 말이 없지, 그러나 사람이 어머니 뱃속에 있을 때는 배꼽으로 숨을 쉬었으나 태어나면 코와 폐로 숨을 쉬어야 하니 막힌 구멍을 뚫기 위해 소리를 지르게 되어 있다."

"4방으로 일곱 발짝씩을 걸었다 하는데요?"

"손과 발 네 개를 4방으로 흔들면 그것이 바로 3계 25유의 28발짝이니라."

40 무명풍(無明風)

"무명풍이란 무엇입니까?"

"죽인지 밥인지 구분하지 못하는 마음이다. 세상 만사는 한 생각 속에서 이루어지고 있는데, 그 한 생각이 어디로부터 어떻게 일어났는지 모르고 있으니 진짜 깜깜한 마음이다. 중생이 식풍(識風)에 끄달려 다니고 업풍(業風)에 시달린다."

"식풍이란 무엇입니까?"

"지식과 상식이다. 이 세상의 모든 지식은 가정과 사회, 국가 그리고 세계적 차원에서 갖가지 경험이 지식으로 형성되어 있는데, 사실은 때와 장소에 따라 이러한 지식이 달리 나타날 수 있다. 그런데 사람들은 그것을 잘 모르니 때로 지나치게 아는 것이 병이 된다.

상식이란 밥 먹고, 옷 입고, 똥 싸고, 잠자고… 이것은 가르치지 않아도 보면 모두 흉내내고 맛보면 그렇게 해 먹기 마련이다. 그런데 그러한 지식과 상식이 패거리를 만들어 세상을 어지럽게 하고 있으니 이것이 어찌 폭우와 다를 것 있겠느냐! 그러므로 지혜의 햇빛이 나타나야 세상이 밝아질 수 있다 한 것이다."

41 오온개공(五蘊皆空)

"5온이 다 공하다고 하는데, 5온은 무엇이고 공은 무엇입니까?"

"5온은 이 세계와 내 몸을 형성하고 있는 요소인데, 색·수·상·행·식(色·受·想·行·識)이 그것이다.

색은 이 몸을 형성하고 있는 기본요소로 지·수·화·풍(地·水·火·風) 4대를 의미한다. 지는 굳은 것 즉 뼈대이고, 수는 묽은 것 즉 살결이며, 화는 체온이고, 풍은 호흡이다.

인체구성이 복잡한 것 같지만 빛, 소리, 냄새, 맛, 감촉을 받아드리고, 생각하고, 행동하며, 거기서 얻어진 지식과 상식을 이루기 때문에 수·상·행·식은 정신적 작용이다."

"아, 그러니까 4대의 육체적 요소와 수·상·행·식의 정신적 요소가 한데 모여 온갖 업식을 만들어 놓고 있기 때문에 그것을 낱낱히 떼어 놓으면 공하다 한 것이군요."

"그렇다. 수·상·행·식은 업식종자(業識種子)가 되고, 지·수·화·풍은 풍토지리가 되어 하나의 세계와 인류를 만들어내고 있으므로 불교에서는 인과 연이 한데 모여 하나의 세계 즉 결과를 맺고 있다 한 것이다.

이것이 인연과보의 이치다. 그러므로 법화경에 '이와 같은 상·성·체·력(相·性·体·力)이 인연과보(因緣果報)의 형식을 따라 일념삼천(一念三千)의 세계를 만들어 내고 있다' 한 것이다."

"잘 알았습니다. 모이면 인연이고, 흩어지면 공이네요!"

42 　지혜(智慧)

"지혜는 어떤 것입니까?"

"태양처럼 비쳐 훤히 알아보는 것이다. 중생은 옳은지 그른지 모르고 마구 덤벼드는데, 깨달은 사람은 해야 할 일과 해서는 아니 될 일을 안다."

"그 지혜는 어떻게 하여 형성됩니까?"

"듣고 생각하고 닦으면 저절로 나타날 수 있다. 먼저 깨달은 사람에게 들으면 옳고 그름을 판단할 수 있고, 내가 해야 할 것인가, 해서는 않될 것인가를 스스로 생각해 보면 안다. 그런데 중생은 생각할 겨를이 없이 일을 저지르기 때문에 허망한 사람이라 하는 것이다.

오랫동안 가라앉아 때가 낀 거울도 비누칠 하여 닦으면 깨끗해지듯 계를 지키고 선행을 하며 도를 닦으면 밝아지게 되어 있다. 그런데 어리석은 사람들은 닦지도 않고 생각하지도 않으며, 선행도 행하지 않으면서 그저 밝아지기만 기다리고 있으니 되겠느냐?"

"깨달은 뒤에는 어떻게 합니까?"

"깨달은 대로 행하면 된다."

43 방하착(放下着)

"흑씨범지가 양 손에 오동나무 꽃을 들고 부처님께 공양코자 오니 부처님께서 보시고
'놓아버려라.'
하니 한 쪽 손 것을 놓고, 또
'놓아버려라.'
하니 다른 쪽 손 것도 마저 놓아버렸는데, 세 번째
'놓아버려라.'
하니
'저는 아무 것도 가진 것이 없는데 무엇을 놓아버리라 하십니까?'
하니,
'내가 놓아버려라' 한 것은 꽃을 놓아버려라 한 것이 아니고 네 마음 속에 꽉 차 있는 6근 6경 6식을 놓아버려라 한 것이다.'
하여 즉시 18계를 버리고 생사처까지 버린 뒤 큰 깨달음을 얻었다 하는데, 과연 6근 6경 6식이란 어떤 것입니까?"

"눈·귀·코·혀·몸·뜻이 6근이고, 색·성·향·미·촉·법이 6근이며, 거기에서 얻어진 지식과 상식 즉 안식·이식·비식·설식·촉식·의식이 6식이다. 사람

은 태어나면서부터 전생에서 익혀온 이 업식을 먹고 사나니 이것을 버리지 못하면 바로 생사에 윤회하기 때문이다. 그러므로 심문(心聞)스님이 '근·경·식 무심처(無尋處)를 다 놓아버리고 나니 온 몸이 그대로 꽃다발이 되었도다' 한 것이다. 전강스님의 '방하착' 하나로 10년 묵은 '번뇌'가 다 뚫린 사람도 있다."

44 혜가안심(慧可安心)

혜가대사가 달마대사에게 물었다.

"모든 부처들이 법인(法印)을 얻었다는 말을 들었습니까?"

"듣지 못했다."

"제 마음이 편안치 못합니다."

"그 불안한 마음을 이리 가지고 오너라. 내가 편안하게 해주리라."

혜가가 듣고 찾다가 아무리 찾아도 없으니

"찾아도 없습니다."

"그렇다면 내가 네 마음을 편안하게 해주었다."

혜가가 홀연히 깨닫고 청했다.

"한 마디 일러 주십시오."

"저 눈 산이 빨갛게 되면 일러주리라."

순간 혜가는 주머니칼을 꺼내 왼쪽 팔을 내려쳤다. 빨간 피가 하얀 눈을 물들이니 눈 속에서 파초가 나와 그 떨어진 손을 받들었다.

"모든 부처님의 법인은 사람으로부터 얻은 것이 아니니라."

그러므로 지해스님이,

"눈 속의 파초도 어려운 일인데, 찾는 마음 속에 무심을 얻기는 더욱 어렵다."

하고

"누가 만경창파에 활짝 핀 갈대꽃을 알 것인가. 날마다 고기잡이 낚시꾼만이 알 것이다."

하였다.

45 총령의 달마대사

　인도의 중국대사(中國大使) 송운이 총령을 넘어 오는데 하얀 복장을 한 달마대사가 지팡이 끝에 신 한 짝을 걸고 오셨다.

　"어디로 가시는 길입니까?"

　"동토와 인연이 다 되어 본국으로 돌아가는 길일세."

　"저 신은 무엇입니까?"

　"거 참. 이것을 자네 임금님께 갖다드리면 알 바가 있으리라. 그러나 그대 임자는 그때 되면 지금 임자가 아니리라."

　하고 흰 종이에 싸서 주었다. 송운은 그로부터 1년이 지나 장안에 이르렀는데, 사람들이 무엇인가를 짊어지고 또는 머리에 이고 우문으로 갔다.

　"어디로 가시는 길입니까?"

　"오늘이 달마대사 3주기가 되는 날이기 때문에 제사 모시러 천성사로 가는 길입니다."

　"내가 총령에서 달마대사를 만났는데!"

　"잘못 보신 것입니다."

　하며 천성사에 나아가니 많은 사람들이 모여 추모법회를 보고 있었다. 그런데 전 임금님이 바뀌고 새 임금님이 나와 앉아 있었다. 송운대사는 새 임금님께 나아가 신 한 짝을 내보였다.

"어, 이 신은 달마대사 탑 속에 들어있는 것인데!"

이에 임금님이 즉시 사람을 보내어 검사해 보니 사람의 시체는 간 곳이 없고 오직 신 한 짝만 남아 있었다.

"과연 이런 일이 있을 수 있는 것입니까?"

"시해선인(尸解仙人)은 그럴 수도 있다. 이떤 사람은 몸까지 등천했다 하나 역대 선지식들의 해탈경들을 보면 혼백만 빠져나가고 몸은 그대로 놓아두는 수가 있으나 달마대사 같은 경우는 누워있던 시체는 삼매속에서 그대로 있다가 다시 일어나 간 것이다. 히말리야의 성자들 가운데는 종종 그런 일이 있는데, 범부중생들로서는 알 수 없는 일이다."

"그렇다면 달마대사는 시해선인이 아니지 않습니까?"

"삼매속에 있다가 그대로 일어나 가되 종적을 알리기 위하여 송운을 만난 것일 것이다."

허공이 안팎이 없듯
마음법도 그러하다.
만일 공(空)을 알면
진(眞)과 여(如)가 둘 아닌 도리를 알리라.

46   번(幡)과 바람(風)

"6조대사가 인종법사가 있는 곳에 가니 두 스님이 싸우고 있었습니다.

'바람이 흔들린다.'

'깃발이 흔들린다.'

대사가 한참을 바라보다가

'그것은 바람도 깃발도 아니고 당신들의 마음이 흔들린 것입니다.'

하니 깜짝 놀라 인종법사에게 알려 16년간 사냥꾼들을 따라다니던 혜능을 비로소 삭발시키고 계를 주어 스님이 되게 하였다 합니다. 그런데 스님, 6조스님 말씀이 그 두 스님의 마음이 바람처럼 깃발처럼 흔들렸다 하는데 어떻게 흔들렸습니까?"

"그거야 바람처럼 깃발처럼 흔들렸지…. 그러므로 대홍스님은 이 돌산에 올라가 북극을 바라보면 모든 별들이 북극을 향해 돌고 있는 것을 알 수 있다 하였다."

보는 놈이 누군가를 돌이켜 보면
들리는 소리, 소리 아님을 알 것이다.
위를 사랑하고 밑으로 살피면
32상 80종호가 저절로 나타날 것이다.

47 서강수(西江水)

"노방거사가 마조스님을 만나 물었습니다.
'만법으로 더불어 짝하지 않는 것이 무엇입니까?'
'네가 서강수의 물을 다 마시고 나면 내가 말해주겠다.'
하였는데 그 말 아래 노방거사가 깨달았다고 합니다.
무엇을 깨달았습니까?"
"서강수 물을 다 마시고 오면 대답해 주리라."

"방거사 가족들이 모두가 도인들이라 들었는데요."
"그렇다. 딸은 앉아서 죽었고, 아버지는 누워서 죽고,
아들은 서서 죽고, 어머니는 걸어갔는데 아직까지 소식
이 없다."
"어떻게 그렇게 될 수 있습니까?"
"가고 오는데 걸림이 없으면 누구나 그렇게 될 수 있
다. 나는 118세 된 탄공스님이 병 없이 앉아 돌아가시
는 것을 보았고, 보름 뒤에 가실 것을 미리 알고 초상
치르는 방법을 묻는 천운스님을 보았으며, 화주생활로
대중공양을 마친 뒤 저녁에 이불 앞에서 염주를 돌리며
큰 빛 속에 열반하신 전주보살도 보았다."

48 꼬막 속의 관세음보살

"당나라 문종황제가 꼬막을 먹다가 꼬막 속에서 관세음보살을 발견하고 종남산 유정선사를 불러 물으니 선사가 물었습니다.

'이상한 것을 느끼지 아니 하셨습니까?'

'몇 번 껍질을 까도 까지지 않아 이상하게 생각하고 향불을 피고 기도하였더니 즉시 열렸습니다.'

'평상시 그 보살님이 말씀하시기를, 이러한 몸으로 제도한 자에게는 이러한 몸을 나타내어 제도한다 하셨으니 바로 임금님을 제도하기 위하여 나타나신 화현입니다. 믿음이 가십니까?'

'믿음이 갑니다. 참으로 희한한 일이니 천하 사찰에 관세음보살을 조성하여 모시겠습니다.'

그리하여 꼬막관세음보살 100주를 조성하여 천하 각 사찰에 모셨다 하는데 과연 관세음보살이 꼬막 속에서 나타날 수 있습니까?"

"꼬막 뿐이 아니라 아이들 장난감 속에서도 나타날 수 있다. 문종황제는 이로 인하여 평상시 즐기던 꼬막을 다시는 들지 않게 되었다."

49 겨자 속의 수미산

천하문장 이만권이 귀종화상을 찾아가 물었다.

"겨자 속에 수미산이 들어간다 하는데, 어떻게 그 작은 곡물알 속으로 큰 산이 들어갈 수 있습니까?"

"이만권."

"예?"

"어떻게 그 작은 머리 속에 만 권의 책을 넣고 있는가?"

이만권은 그 자리에서 당장 깨닫고 귀종화상에게 귀의하였다.

고려국 대각국사는 당송대장경을 꿰뚫어 거기에 빠진 경전들과 조사어록을 한데 모아 속장경(續藏經)을 출간하였고, 미얀마 밍군사야도는 1930년에 삼장호지자(三藏護持者)가 되어 1만2천 권의 대장경을 외움으로써 제6차 대장경 편집장이 되었다. 누구나 하지 않아서 그렇게 하지 못하는 것이 아니다.

관음보살은 말없는 말을 설하고
남순동자는 들음 없이 법문을 듣는다.
병속에 핀 버드나무는 3세에 항상 푸르고
바위 앞 푸른 대나무는 언제나 여름이다.

50 호랑이 시자

당나라 때 배휴가 어느 때 관리가 되어 화림원 선각 선사를 찾아뵈오니 늙은 노스님이 사자도 없이 홀로 계셔서 물었다.

"스님은 시자도 없습니까?"

"왜요? 둘이나 있습니다."

하고 불렀다.

"대공아, 소공아…."

부르니 즉시 집 뒤에서 호랑이 두 마리가 나타났다. 배휴가 놀라 벌벌 떠니,

"손님이 무서워하니 저리 자리를 비켜드려라."

하자 바로 되돌아 들어갔다. 배휴가 물었다.

"무슨 업을 짓고 계시기에 이렇게 무서운 짐승들이 시봉을 합니까?"

스님께 단주 하나를 들어 올리며,

"앉으나 서나 관세음보살입니다."

배휴가 크게 깨닫고

"진정한 사랑 속에는 맹수도 없구나…."

하였다.

51 명명백초두(明明百草頭)에 명명조사의(明明祖師意)

방거사는 중국불교의 대표적인 거사로서 온 가족이
함께 불도를 실천한 분으로 알고 있다. 그런데 그의 딸
영조가 아버지하고 함께 앉았다가, '명명백초두에 명명
조사의'라 하니 아버지가 물었다.

"그게 무슨 말이냐?"

"아버지가 늙어 머리가 하얗게 되었고 이가 누렇게
되었습니다. 아직 그것도 모르십니까? 명명백초두에 명
명조사의인데…."

"'명명백초두에 명명조사의'란 말이 무슨 말씀입니까?"

"낱낱의 풀 속에 부처와 조사의 뜻이 들어 있다는 말
아니냐?"

"그것야 누군들 모르겠습니까. 낱낱의 풀 속에 불조
의 뜻이 들어 있다는 것을!"

"구름은 하늘에 있고 물은 병에 있다는 말이지…."

52 일귀하처(一歸何處)?

어떤 스님이 조주스님께 물었다.

"만법이 모두 하나로 돌아간다 하는데, 그 하나는 어디로 돌아갑니까?"

"내가 청주에 있을 때 한 필 베를 샀는데, 무게가 일곱 근이었다."

"청주 베와 만법이 무슨 관계가 있습니까?"

"청주 베도 하나이고 만법도 하나이니라."

"위로는 산이 막혀 있고, 밑으로는 강이 흐르는데요?"

"솔갱이 한 마리가 강을 훑어 산 위로 나는구나….."

"사자굴 안에는 딴 짐승이 없고, 코끼리 세상에는 여우가 싹 자취를 감춘다더니 하나 속에는 다시 둘이 없는가 하나이다."

"쓸데 없는 소리, 분별시비 다 놓아버리면 단지 마음 부처만 남으리라. 그러나 그 또한 이름 뿐이다. 부처는 이름도 없고, 모양도 없고, 작용 또한 없기 때문이다."

53 뜰 앞의 잣나무

"조주스님에게 어떤 스님이 와서
'어떤 것이 달마대사가 인도에서 오신 뜻입니까?'
물으니
'뜰 앞의 잣나무이니라.'
하였다 하는데 이게 도대체 무슨 뜻입니까? 뜰 앞의
잣나무와 달마대사가 무슨 인연을 가지고 있습니까?"
"뜰 앞의 잣나무이니라. 한강은 원래 한국에 속해 있
기 때문이다."

"그렇다면 조사께서 인도에서 오실 때 한 물건도 가
지고 오지 않으셨겠네요?"
"그래서 조주스님이 엄양존자에게 방하착하라 하신
것이다."

"한 물건도 가지고 오지 아니 했는데, 무엇을 놓아버
리란 말입니까?"
"그 한 물건도 가지고 오지 않았다는 생각을 놓아버
려야 한다. 빈 마음은 일찍이 성색(聲色)에 끄달린 일이
없기 때문이다."

54 아야아야(阿耶阿耶)

덕산스님이 병이나 불안하자 어떤 스님이 물었다.

"어떻게 하여야 불안하지 않게 됩니까?"

"아야아야."

병은 비록 허공 꽃과 같이 날리고 있지만 아픈 것은 아픈 것이다. 그러므로 청평스님이 꿰맨 쪽박(조리)를 보고,

"저것이 바로 유루(有漏)다."

한 것이다. 깨진 그릇이 꿰맨다고 새지 않겠는가. 그렇다고 걱정할 것은 없다. 곳곳이 푸른 버들 말 매기에 알맞고, 울타리 밖을 나오면 곳곳이 모두 장안으로 터져있기 때문이다.

4방 4대보살이여
항상 다이아몬드 궁전에 사시고 있네
5부 대 만다라를 보니
항상 성현들이 에워싸고 있구나.

---

* 5부 대 만다라는 불멸 후 밀교에서 금강계의 탱화(幀畵)를 ① 불부 ② 금강부 ③ 보부(寶部) ④ 연화부 ⑤ 갈마부로 나누어 조직하여 그린 것이다.

55 살부살조(殺父殺祖)

어떤 스님이 운문스님께 물었다.

"부모를 죽인 자는 부처님께 가서 참회하는데, 불조를 죽인 자는 어디가서 참회합니까?"

"핑계 대기 좋아하는 사람들에게 오직 드러낸(露) 것뿐이다. 산봉우리에 걸린 구름은 잡을 수 없고, 언 땅에는 풀이 나지 않는다."

비구니가 선방을 만들었다. 유천 담공(譚空)선사가 가서 보고 물었다.

"비구니는 다섯 가지 장애(障碍)가 있는데, 무슨 선방인가?"

"여자는 ① 범천 ② 제석 ③ 마왕 ④ 전륜성왕 ⑤ 부처가 되지 못한다 하지만 용녀가 성불한 예가 있지 않습니까?"

"그는 신통을 부렸지만 그대는 신통을 부릴 줄 아는가?"

"껍데기를 벗고 하늘을 날은 지 오래 됩니다."

"그렇다면 한여름을 나 봐야 알겠구나."

과연 비구니는 남자도 여자도 아니었다.

56 마른 똥막대기(乾尿橛)

운문스님께 어떤 스님이 물었다.
"어떤 것이 부처입니까?"
"마른 똥막대기이니라."

마른 똥막대기도 부처인데, 이 세상에 부처 아닌 것이 어디 있겠는가. 그렇지만 그 스님은 마른 똥막대기만을 생각하다가 그만 마른 똥막대기가 되어버리고 말았다. 중이 주지, 총무, 입승, 조실, 총무원장, 종정 만 중인줄 알고 있는데, 똥지게 지고 나무 나르는 중은 중이 아닌가.

선방에 장노, 수좌, 감원, 유나, 전좌, 직세, 고두, 서장, 장주, 지객, 시자, 요주, 당주, 욕주, 수두, 탄두, 노두, 화주, 원두, 마두, 장주, 정두, 정인이 있는 것은 모두 분수 따라 대중공부를 돕기 위해 제정된 용상방이다. 그런데 미련한 중은 높은 자리, 귀한 자리에 있는 것만 좋은 것으로 알고 탐하는 사람이 있으니 빗자루, 주걱이 웃을 일이다.

57 선(禪)의 요령

"선은 반드시 앉아서 해야만 합니까?"

"앉아서 하는 것은 좌선이고, 서서하는 것은 입건(立禪)이며, 누워서 하는 것은 와선(臥禪)이고, 걸어 다니며 하는 선은 행선(行禪)이다. 말하고, 밥 먹고, 옷 입고, 잠자는 것 모두가 선 아닌 것이 없으나, 사람의 뇌는 척추를 중심으로 해서 좌골에서 안정을 얻으므로 불안정한 사람은 좌선이 좋은 방법이다. 그러나 선은 정(定)을 이루는 요술이니, 이미 그런 줄 알았으면 무슨 일을 하던지 삼매(三昧)에 들면 염불이고, 참선이고, 진언이고, 예불이고 관계없이 선정 속에서 즐거운 삶을 살 수 있다.

옷이 깃(領)에 의하여 중심을 잡고, 그물이 벼리에 의하여 끌려 당기듯 요령만 잘 알면 걸 때나 입을 때나 비틀어지지 않게 된다."

58 선과 호흡

"선과 호흡은 밀접한 관계가 있는 것으로 아는데요."

"그렇다. 사람은 숨을 못 쉬면 죽는 것이기 때문에 호흡이야말로 생명의 기본요소다."

대지도론에서 호흡을 열여덟 가지로 나누어 설명하고 있으나 일반적으로 단전호흡과 뇌호흡, 폐호흡 등 세 가지로 나눈다. 어머니 뱃속에 있을 때는 배꼽으로 숨을 쉬었기 때문에 단전호흡이 기초가 되었으나 장차 태어나서는 폐호흡을 하므로 아기들이 처음 태어나 '응아!'하고 크게 울음을 터뜨리는 것은 곧 폐의 안문을 여는 소리다.

그리고 뇌호흡은 사람의 온갖 생각을 조절하고 있는 것이기 때문에 여기에 공기가 소통되지 아니하면 모든 기관이 제대로 뛸 수 없다. 선도 정(定)에 들면 뇌호흡을 주로 하다가 나중에는 8만4천 모공으로 숨을 쉬게 되나니 뇌호흡은 정신과 연관이 크다. 그러나 어떤 호흡이 되었던지 5장6부를 살리는 것이 호흡의 기초가 되어 전기를 일으키기 때문에 호흡을 잘 하는 사람은 선도 잘 할 수 있다.

그러므로 자각종이 선사는,

"반야를 배우는 사람은 먼저 자비심을 일으켜 널리 서원을 세우고, 삼매를 닦아 중생을 제도해야 하나니, 나 일신만을 위해서 해탈을 구하지 말라."

하고

"모든 반연을 쉬고 음식이나 수면을 조절하여 동정 (動靜) 양간에 몸과 마음을 한결같이 하라."

하였다.

"두 손바닥을 마주 대어 중심이 잡히면 서서히 숨을 흔들어 중심을 잡은 뒤 청량골을 곧세워 탑처럼 흔들림 없이 앉히면 천지가 편안하여 만물이 포용하듯 가슴이 넉넉하고, 배가 풍족하여 배고픈 사람이 알맞게 음식을 먹은 것 같이 될 것이다."

하고,

"이렇게 코와 배, 혀와 이가 서로 조화롭게 되면 저절로 잠이 올 수도 있지만 선정을 닦는 자는 정진력으로 혼수를 잠재우고 성성적적해야 할 것이다."

하였다.

59 부적(符籍)

"부적이 효과가 있습니까?"

"나비는 불 속에도 들어간다."

"자세히 살펴보니 문자와 그림이 중심인데요?"

"문자 속에 인류의 역사가 담겨있고, 그림 속에 사물의 영상이 그려져있다."

"남의 역사, 그림 속에 무슨 실속이 있겠습니까?"

"흉내내다가 잘못된 사람도 있고, 제 그림자에 속고 슬피 우는 새도 있다. 그것이 무엇을 상징하는지 그 내용을 파악한 사람은 정(正)과 사(邪)에 속지 않는다."

"그러나 일본에서는 아이들이 울면 '예비아!'하고, 한국에서는 '곶감' 또는 '호랑이!'하는데요?"

"그 소리를 듣고 울음을 그치고 놀라는 아이들도 있으니 '이순신!', '호랑이!'가 얼마나 무서우면 울음을 그치고, '곶감'이 얼마나 맛있으면 통을 파지 않겠느냐. 제 눈에 안경이고, 제 입에 떡이니 새삼스럽게 놀랄 것이 못 된다."

60 귀신(鬼神)

"귀신이 진짜로 존재합니까?"

"있으니까 귀신 신(神) 자가 나왔지!"

"어떻게 생겼습니까?"

"귀신처럼 생겼다.

아랑이 억울하게 죽어, 그 한을 풀기 위해 새로 오는 사또에게 하소연 하려고 방문을 열고 들어오면 기절초풍하여 죽고 말았다. 벌써 몇 차례나 산송장을 치우고 나니 밀양 사또에 나갈 사람이 아무도 없어 방을 써붙였다.

'누구라도 사또 방만 지킬 수 있는 사람이라면 밀양사또를 시켜줄 터이니 누구고 오너라.'

남의 절에서 부목생활로 일생을 지내던 사람이 이 소문을 듣고 와 첫날 밤부터 밤새도록 금강경을 읽었다. 한밤중에 문이 슬며시 열리고 촛불이 꺼져도 그치지 아니 했다. 머리를 풀고 온 몸에 피투성이가 된 아가씨가 들어왔다.

'무슨 사연이 있는가?'

'내가 누구에게 간통을 당해 죽었습니다.'

'누구에게 원한이 있는가?'

'내일 조회 때 흰 나비가 되어 그의 모자 위에 앉겠습니다.'
'내가 그대의 한을 풀어 주리라.'

범소유상(凡所有相)
개시허망(皆是虛妄)
약견제상비상(若見諸相非相)
직견여래(卽見如來) 니라.

하니 즉시 그 모습이 없어지고 이튿날 원한을 풀었다.

귀신은 업식(業識)인데, 행으로 나타날 때는 바람과 허상(그림자)으로 나타나므로 '슬며시' 또는 '우당탕'하는 모습으로 부시시 나타난다. 그러나 거기에 속지 않는 사람은 그의 참모습을 보게 된다. 그러므로 부처님께서

약이색견아(若以色見我)
이음성구아(以音聲求我)
시인행사도(是人行邪道)
불능견여래(不能見如來)

일체유위법은 꿈, 환술, 물거품, 그림자, 이슬, 벼락불과 같으니 거기에 속지 말라 한 것이다."

"무엇을 통해 그것을 알 수 있습니까?"

"반야가 으뜸이니라. 귀신은 밝은 것을 싫어한다. 그런데 해는 낮에 비치므로 낮에 나타나고, 달은 밤을 비침으로 밤에 나타나나, 반야의 빛은 안팎, 내외가 없으므로 숨을 곳이 없느니라."

61 명호(名號)

"왜 한 물건에 그렇게 여러 가지 이름이 있습니까?"

"보는 사람의 견해에 따라 이름이 달라지기 때문이다. 똑같은 물인데 자기 집으로 보는 물고기도 있고 불로 보는 귀신도 있다. 그러므로 '아는 것이 병이다' 한 것이다."

"그렇습니다. 진짜 깨치고 묘하게 밝은 우리의 마음은 텅비고 신통하게 보지 않고 톡 튀어나게 홀로 높은 것처럼 말해서 마음을 마음 땅, 깨달음, 법계, 열반, 청정, 진여라 이야기하여 아는 자는 모두가 한 마음인 줄 알지만 모르는 사람은 이름따라 모양을 달리 이해하고 있는 것으로 압니다."

"그렇다.

중생의 본원이 되기 때문에 심지(心地)라 하고

모든 부처님께서 깨달음을 통해서 얻었기 때문에 보리(菩提)라 하고

툭 터져 교철융통하므로 법계(法界)라 하고

고요하면서도 항상 즐거움으로 열반(涅槃)이라 하고

탁하지 않고 누실되지 않으므로 청정(淸淨)이라 하고

허망하지 않고 변하지 아니 함으로 진여(眞如)라 하고

허물을 떠나고 시비가 없으므로 불성(佛性)이라 하고

선을 보호하고 악을 가리므로 총지(摠持)라 하고
모든 것을 다 갈무리하고 있으므로 여래장(如來藏)이
라 하고
온갖 덕을 다 갖추고 있으므로 대원각(大圓覺)이라 부
른다.

알고 보면 모두가 한 마음인데
이를 등지면 범부가 되므로 범(凡)
이를 깨달으면 성인이 되므로 성(聖)
이에 미하면 생사에 빳고
이를 깨달으면 윤회를 쉰다.

가까이 구하고자 하면 지관정혜(止觀定慧)를 닦고
널리 추리코자 하면 만행을 실천(萬行實踐)하라.
지혜있는 사람은 이런 것을 하지 아니해도 바로 알고
이를 의지하지 않아도 인과를 뚫어지게 보고 있다.”

“아, 그래서 종일 원각하면서도 그 깨닫는 자를 깨닫
지 못한 것이 범부이고, 이를 증득코자 하면서도 끝까
지 다하지 못한 것이 보살이고, 항상 그곳에 머물러 자
유자재하게 행동하는 것이 여래라 한 것이군요?”
“그렇다. 원각을 여의면 6도도 없고, 원각을 버리면
3승도 없으니 원각이 아니면 여래라 하지 않고 원각을
빠뜨리면 참된 법이라 할 수 없다. 알고 보면 모두가

한 길로 걸어가는 것인데….”

“예, 그렇습니다. 3세제불은 모두가 이를 증득한 자이고, 3장12부는 모두 이것을 편 것이며, 현밀교해도 결국 이 마음을 안팎으로 풀이한 것이데, 모르는 사람은 이름에 속아 넘어가는 자도 있습니다.”

“그래, 여래의 가르침은 광약(廣略)과 선후(先后), 심천(深淺)이 있을 뿐이다.”

62 마녀(魔女)

"마(魔)란 무엇입니까?"

"인도말로는 '마라 빠삐아'인데 '마라'는 '멍석 말아라'
는 말과 같이 '죽여버린다'는 뜻이고, '빠삐아'는 '죽게끔
하다'는 뜻이니 죽음 또는 죽음보다 더 큰 고통을 겪는
것이다."

"마녀는 숲속의 요정으로 머리에 뿔을 달고 종들을
거느리고 어린이들을 잡아먹고 빗자루를 타고 하늘을
나른다는 말도 들었는데요."

"그것은 바빌론, 게르만, 켈트족들의 풍습에서 나온
말인데, 프로이드는 바로 그것은 여성들이 억압에서 벗
어나려는 몸부림이라 풀이하였다. 한때 서양에서는 여
자들이 검정고양이를 사람보다 더 사랑하여 모두 잡아
죽이게 했는데, 이로 인해 페스트가 성하게 되자 모두
이것이 마녀들의 소행이라 하여 잡아죽인 일이 있다."

"고대 오리엔트에서는 대지모신으로 받든 일도 있다
하던데요?"

"죽은 자의 제단에서 가슴이 풍만한 여인을 보고 대
모신으로 신앙한 일이 있는데, 사실 이것이 애급의 이
시스, 그리스의 아프로디테, 셈족의 아스타로테로 전승

되어 기독교의 부성종교와 대립하며 오랜 세월 동안 서로 투쟁해 왔다. 여자에게는 생성과 파괴, 양면의 무기를 가진 특성이 있기 때문이다. 그래서 콘스탄티누스는 태양재일을 예수의 생일로 바꾸고, 봄의 과월재 바사를 부활절로, 가을수확제를 추수감사절로 바꾸어 전통적인 의식을 제창하고 유대인들을 학살했던 것이다."

63 우다나(Udana)

"부처님께서 처음 도를 깨닫고 감흥어린 시구를 읊었다 하는데, 그 내용이 어떻습니까?"

"우다나, 자설경, 또는 감응어린 시구다. 9분교, 12분교 가운데는 감흥어로 나타나고 있는데, 기원전 4세기경 제2결집 당시 80수의 시로 정리된 것이 아닌가 생각한다.

아함경, 불본행경, 방광경 등 여러 경전에 흩어져 있으나 대, 소승의 경전이 이를 배경으로 하여 발전하였기 때문에 소중한 것이다."

"내용은 주로 몇 품으로 구성되어 있습니까?"

"깨달음품, 무짤린다, 난다, 메기야품, 쏘나, 봉사, 작은 법문, 빠딸리가마품 등 모두 8품으로 구성되어 있다."

"간단히 한두 가지만 들을 수 있겠습니까?"

"이것이 있으므로 저것이 있고,
이것이 생겨나므로 저것이 생겨난다.
이것이 없으면 저것도 없고
이것이 사라지면 저것도 사라진다.

이것이 깨달음의 내용인데, 12인연을 역순으로 노래한 것이다.

무짤린다품은 부처님을 비바람에서 보호해 준 코브라에게 설한 법문인데,

가르침을 배우고 보고 만족한 자
번뇌를 멀리 여의고 모든 생명을 보호하며 폭력을 여읜 자
탐욕과 쾌락의 감각에서 벗어나
무아를 깨달은 자 최상의 행복이다.

이것이 행복의 경전이다.

난다는 부처님 이복동생으로 약혼식날 강제로 출가하여 사랑의 노예로 살아가다가 부처님께서 화현한 8선녀와 뿔 달린 사자, 지푸라기를 보고 깨달음을 증득, 집착을 부셔버렸다.

옛 티끌을 제거하고 모든 업 떨쳐버리면
내 것 없어도 흔들리지 않나니
신체에 새김을 확립하여 6감을 보호하리.
〈난다품〉

돌아다니기를 좋아하는 메기야, 중도를 잃은 쏘냐, 깨달음 뒤에는 봉사가 필요하다고 설한 선천적 봉사품,

유전에서 벗어나 소망마저 끝나버린 작은 법문, 독립 자존하는 방법을 가르친 빠딸리가마품은 물품, 자리 또는 칭찬을 원하는 수행자들을 경계한 글이다."

64 숫다니파타(經集)

"숫다니파타는 이상적인 고행자, 성자의 길, 종교인의
윤리도덕이 두드러지게 부각되어 있다고 하는데, 사실
입니까?"

"모든 생명에 대한 안락, 평화, 살기를 희망하면서도
겁에 질려 있는 사람들을 위해 설해졌으므로 눈이 있거
나 없거나, 생각이 있거나 없거나, 어머니 품안에서 편
안히 잠들어 있듯 세상의 안녕을 위해서 설한 것이므로
그 말은 짧아도 내용은 풍부하다.

첫째 뱀 품에서는,

마치 뱀이 묵은 허물을 벗듯 이 세상, 저 세상을 다
버린 자가 진짜 행복한 자이고,

빱바또랏타 담마콘다시 부호의 아들 다니야가 3만 마
리의 황소를 거느리고 14남매와 함께 2만2천 마리의
젖을 짜면서,

'나는 이미 밥을 짓고 우유를 짜놓았고
마히강변에서 가축과 함께 살면서
움막에는 지붕이 엎어있고 불이 켜져 있으니
하늘이여 비를 뿌리려거든 비를 뿌리소서.'

하니 세존께서,

'나는 분노하지 않아 마음의 황무지가 사라졌고
마히강변에서 하룻밤을 지내면서 내 움막은 잘 열리고
나의 불은 꺼져버렸으니
하늘이여, 비를 뿌리려면 뿌리소서.'

하며 여섯 개의 대구를 들려주신 시다. 다니아는 여기서 부처님께 귀의하고 다시는 죽음의 괴로움을 맛보지 않는 열반에 들었다.

또 악마 빠삐만이 '자식과 소, 집착 속에서 기쁨을 느낀다'하고 자랑하자 '자식과 소, 집착이 없기 때문에 슬픔도 없다'하고 말했다.

또한 모든 존재에게 폭력을 쓰지 않고 상처도 주지 말고 무소의 뿔처럼 혼자서 갈 수만 있으면 홀로 가라고 격려한 무소경도 있다.

한 농부가,
'당신도 밭갈고, 씨뿌리고, 그리고 그것을 수확하도록 하십시오.'
하자 부처님께서 대답했다.
'믿음은 씨요, 지혜는 멍에, 부끄러움은 자루, 새김은 쟁기다.'

하며 밭갈이만이 농사가 아니라고 설하신 까씨 바라
스와자경도 있다.

대장쟁이 아들 쭌다의 질문을 받고,
'길을 알고, 길을 가리키며, 길 위에 살고, 길을 더럽
히는 네 가지 수행자가 있다.' 설한 쭌다경,
'사람의 인격은 계급이나 종족, 씨에 있지 않고 행동
에 있다.'고 말한 파멸경 등 55경이 있다.
이 경은 우다나경과 함께 불교 경전 가운데서 가장
오래된 경이다."

65 근친상간

"듣건데 샤카모니 가족들은 형제간에 결혼한 사람들이 많다고 하던데, 사실입니까?"

"샤카족 뿐이 아니고 옛날옛적에는 부모자식 간에도 함께 산 일들이 많다. 사람이 귀하고 또 다른 종족과 피를 섞지 않게 하기 위해서였다."

"그렇지만 이해가 잘 안 됩니다."

"까필라성을 다스리던 임금님들은 욱카무카왕을 중심으로 니푸나, 찬디바, 시위, 신자야, 에싼타라, 잘리, 시하와하다, 시하싸나 등 10대를 거쳐 8만2천 명 정도 살았는데, 처음에는 모두 가까운 형제들이었으나 시간이 가니 4촌, 6촌, 8촌 등 먼 친척간이 되었다.

거기서 시하사라가 낳은 아들 제야사라와 야소다라가 만나 시하하누란 아들을 낳고, 욱카삭카와 아사와티가 만나 아들 잔자나와 딸 칸차나 등 남매를 낳았다.

또 사하하누왕은 아들을 숫도다나와 아미토, 도토, 사코, 숙코다나 등 다섯을 낳았고, 그 중 숫도다나가 싯다르타를 낳는다.

사실 부처님 어머니 야소다라가 돌아가시자 그의 친
동생 빠짜빠티가 언니의 유언에 따라 숫도다나 임금님
을 모시며 난다를 낳았고, 또 싯다르타를 길러 부처님
이 되게 하였다. 그러므로 옛 사람들은 대부분 4촌 또
는 6촌과 결혼했고, 더 오래된 사람들은 친형제들과 결
혼한 사람들이 많았다."

66 화엄경

"화엄경은 어떤 경전입니까?"

"본래의 이름은 Buddha-Avatam Saka-Mahavai
pulya Sutra라는 긴 이름을 가지고 있는데, 중국 사람
들이 번역할 때 '대방광불화엄경'이라 번역했으며, 그것
을 더 줄여 '화엄경'이라 부른 것이다."

"그러면 무엇이 그렇게 크다(大)는 말입니까?"

"마음의 본체가 끝도 갓도 없기 때문이다."

"방(方)은요?"

"마음의 모양, 즉 덕을 가르친 것이니, 그 덕은 끝이
없다는 말이다."

"광(廣)은요?"

"마음의 작용을 말한 것이니, 그 작용이 우주법계와
꼭 맞기 때문이다."

"불(佛)은요?"

"마음의 과(果)를 표한 것이니, 곧 대·광·불을 깨달
은 것이다. 그리고 화(華)는 온갖 것이 다 들어있는 마
음의 씨앗이고, 엄(嚴)은 마음의 공덕이니 앉고, 눕고,

자고, 서고… 하는 모든 것이 그의 꾸밈 속에서 이루어
지기 때문이다."

"아, 그래서 그 말과 행으로 우주 인생의 바른 길을
깨달으라고 하며 〈경(經)〉이라 이른 것이군요!"

"그러므로 옛 사람들이 만법을 밝히고자 하면(明萬法)
한 마음을 통하라(通一心) 한 것이다."

67 화엄경의 조직

"누가 이 경을 조직하였습니까?"
"이미 화엄경은 비로자나 법신부처님이 설한 것으로 열 종류로 분리되어 남인도에 있었던 것을 용수보살이 가져온 것으로 알려지고 있다."

"화엄경이 열 가지나 되나요?"
"① 10조9만5천48자 4만5천게(偈) 39품 약본화엄경
② 10만게 48품 하본화엄경
③ 49만8천8백게 1200품 중본화엄경
④ 13천 대천세계 미진수계 14천하 미진수품 상본 화엄경
⑤ 바닷물을 먹으로 삼고 수미산으로 붓을 삼아 써도 조그마한 양도 다 쓸 수 없는 보안화엄경
⑥ 허공 끝이 다 할 때까지 설해도 다 설할 수 없는 동설화엄경
⑦ 세계의 다른 중생들이 서로 다른 언어를 가지고 설한 이설화엄경
⑧ 온 법계의 모든 부처님들이 서로 주반이 되어 주고 받은 주반화엄경
⑨ 서로 다른 근기를 따라 차별 있게 설하신 권속화 엄경

⑩ 모든 수다라 1회1품 한 글자 한 글자가 일체의 모든 것을 거두어 들인 원만화엄경

이것이 열 가지 종류의 화엄경이다."

"그의 대의를 한 마디로 이야기한다면 무엇이라 해야 합니까?"
"만약 3세 일체 부처님을 알고자 하면
(若人欲知 三世一切佛)
마땅히 법계성을 관하라 일체가 유심조
(應觀法界性 一切唯心造) 라 하였다."

68 법화경

"법화경은 어떤 경전입니까?"

"부처님께서 맨 마지막에 설하신 10만8천14자 대승 종교실상묘법연화경이다."

"이 경을 설할 때 하늘에서 꽃비가 내렸다 하는데, 사실입니까?"

"꽃비만 내린 것이 아니라 한 빛이 동쪽을 비치니 지옥, 아귀, 축생, 인, 천, 성문, 연각, 보살, 부처의 세계가 한꺼번에 드러났고, 그 꽃비 속에서 진실과 방편 두 가지를 한꺼번에 보임으로써 번뇌장과 소지장이 모두 녹아 없어졌다."

"성문, 연각, 보살을 위하여 세 가지 수레를 사용하였다 하던데요!"

"그렇게 성문을 위해서는 '고집멸도' 4제법문을 하시고, 연각을 위해서는 12인연법문을 설하시고, 보살을 위해서는 10바라밀 법문을 하시니 이것이 3주 법문이고 불난 집에서 벗어날 때는 양수레, 사슴수레, 소수레를 사용하였으니 이것이 세 가지 수레이지만 사실 불집을 나오니 누구나 똑같이 흰 소의 큰 수레, 즉 대백우거(大白牛車)를 주었다."

"실제로 거기서 얻은 것은 무엇이고 잃은 것은 무엇입니까?"

"법화경에서 따로 얻고 잃은 것이 없다. 깨닫고 보면 모두가 진실 아닌 것이 없기 때문이다.

① 무상 속에서 영원을 깨닫고

② 고통 속에서 즐거움을 깨닫고

③ 부자유 속에서 자유를 깨닫고

④ 더러움 속에서 깨끗함을 깨달았다."

"그러한 법문을 듣고도 물러난 사람이 있다고 하던데요!"

"부처님도 인연 없는 중생을 제도하지 못한다 하지 아니 했던가.

① 만나지 못하면 제도할 수 없고

② 기연이 맞지 아니하면 제도할 수 없으며

③ 듣고도 믿지 않으면 제도하지 못하고

④ 인과가 너무 익어 결과가 눈 앞에 나타나면 어쩔 수 없다 하였다."

69 수기(授記)

"수기란 무엇입니까?"

"예언이다. 너는 어떠한 인연이 있으니 내생에는 어떻게 될 것이다 예언, 즉 인증을 받는 것이다."

"누구나 받아야 합니까?"

"받으면 좋지만 그렇게 아는 자를 만나기가 어렵다. 그러나 불자가 불교에 귀의하려면 계를 받고 법명을 받게 되는데

첫째, 귀의하는 것은 신앙을 맹세하는 것이고,

둘째, 계를 받는 것은 윤리적 행을 맹세하는 것이며,

셋째, 법명을 받는 것은 장차 성불의 수기를 받는 것이다.

옛날 경허스님의 세 상좌에게 이름을 지어 주되, '너는 수월(水月)이니 북쪽에 가서 비치고, 너는 혜월(慧月)이니 남쪽에 가서 비치고, 너는 만공(滿空)이니 이 자리에서 빛나라' 하였는데, 과연 이 세 분의 스님들이 오늘날 한국불교의 선맥을 계승해 가고 있다.

너의 이름은 무엇이냐?"

"법달입니다."

"법을 통달하면 불승도 마찬가지일 것이다."

70 화엄경의 번역과 조직에 대하여

"화엄경의 번역은 누가 하였습니까?"

"동진(東晉) 때 불타발타라가 번역한 것은 60권 화엄이고, 측천무후 때 우전국 삼장 실차난타가 번역한 것은 80권 화엄이며, 또 숭복사 반야삼장이 번역한 것은 40권 화엄이다."

"불타반다라가 각현(覺賢)스님입니까?"

"그렇다. 인도말로는 붓타반다라 하고, 중국말로 번역해서는 각현이다. 측천무후는 당나라 왕후이고, 우전국은 현 중앙아세아 타림분지에 있었던 호탄을 말한다. 실차난타는 우전국 스님이다."

"이 3종 화엄의 차이가 무엇입니까?"

"36장 80권 화엄과 34장 60권은 문장의 길고 짧음의 차이이고, 내용은 거의 같다. 그리고 40권 화엄경은 60권과 80권 화엄 가운데 입법계 품만 따로 번역한 것이다."

"우리나라 사람 가운데 화엄경만을 전공한 스님들이 있습니까?"

"있다. 신라 때 의상대사(625~702)는 60화엄을 의지하여 법성게(法性偈)를 지었는데, 인도 용수보살이 지은 약찬게(略纂偈)는 80화엄의 구성과 대의를 총괄한 것이고, 의상대사의 법성게는 우주인생의 근본을 화엄의 원리에 의해 정리한 것이다. 그리고 고려 때 균여스님(923~973)은 보현행원가 11수를 지어 우리나라 가사의 시원을 형성하였다."

71 예수재(預修齋)

"예수재는 어느 때 지냅니까?"

"미리 닦는 공덕의 재(齋)이므로 때와 장소가 따로 없다. 죽기 전에 전생의 자기 업과 현생의 죄를 참회하며 시방 성현들께 공양하는 의식이기 때문이다."

"전생의 죄를 무엇으로 가늠할 수 있습니까?"

"습관을 보면 안다. 예날 균제스님은 밥만 먹으면 비슷하게 누워 음식을 되씹었으며, 수가장자의 아버지는 데모 주동자가 되었다가 죽어서 개가 된 일이 있다."

"이해가 잘 아니 되는데요?"

"이해가 잘 아니 되기 때문에 도를 닦는 것이다. 3명 6통이 터지면 거울 속의 그림자처럼 훤히 나타난다."

"어떻게 지내야 예수재를 잘 지낼 수 있습니까?"

"힘따라 정성을 다하여야 한다. 옛 사람은 4년 동안 좀두리 쌀을 받아 배고픈 사람들에게 밥과 떡을 해 먹였으며, 길쌈하는 사람은 조각 베를 모아 상보를 만들어 보시하였다. 요즈음은 혼자 하기 힘이 드므로 회비를 모아 단체적으로 장학금도 주고, 치료비도 내주고, 유학비도 제공한다."

72 재(齋)

"재란 무엇입니까?"

"인도 말로는 우포사타(Uposadha)라 하는데, 원래는 신·구·의 3업을 정재(整齋)하는 것이지만 깨끗한 마음으로 음식, 의복, 와구 등을 만들어 대중스님들께 공양하면서 자신의 업장을 청소하는 것으로 이해하고 있다."

"종류에는 어떤 것들이 있습니까?"

"49재, 백일재 등 종류도 많지만 중국, 한국, 일본에서는 10재일을 지켜 그날 각기 해당되는 사람들이 모여 불보살님께 공양을 올리고 자신들이 좋아하는 경전도 읽고 수행한다."

"10재일은 어느 날, 어느 날입니까?"

"초하루는

도산지옥 진광대왕 정광여래를 섬기는 날이고,

8일은 약사여래님 재일이니

화탕지옥 초강대왕이 섬기는 날이고,

14일은 현겁천불 재일이니

한빙지옥 송제대왕 섬기는 날이고,

15일은 아미타불 재일이니

검수도산지옥 5관대왕이 섬기는 날이고,
18일은 지장보살 재일이니
발설지옥 염라대왕이 섬기는 날이고,
23일은 대세지보살 재일이니
독사지옥 변성대왕이 섬기는 날이고,
24일은 관세음보살 재일이니
탑추지옥 태산대왕이 섬기는 날이고,
28일은 노사나부처님 재일이니
해거지옥 평등대왕이 섬기는 날이고,
29일은 약왕보살 재일이니
철상지옥 도시대왕이 섬기는 날이고,
30일은 석가부처님 재일이니
흑암지옥 5도전륜대왕이 섬기는 날이다.

각 재일에는 그에 소속된 중생들이 목욕재계하고 향 사르고 예배공양하면 악이 없어지고 선이 생겨 극락에 태어나는 것은 어렵지 않기 때문에 재일을 지켜야한다 하였다.”

“또 어떤 불자는 3장6재일을 지키는 이도 있는데요.”
“3장은 정월, 5월, 9월이고, 6재일은 초하루와 보름 날에 먹지 않고 자지도 않으며 정진하는 것을 말하는 데, 먹지 않는 것을 가지고 세상의 가난을 구하고, 자 지 않는 마음으로 밤낮없이 정진하니 이런 사람은 해탈을 얻지 않겠는가."

"수륙재는 어떤 재입니까?"
"바다와 육지에서 억울하게 죽은 영혼들을 천도하는
재이다. 특히 이 재는 전난 후에 아군이나 적군들이 허
공이나 수중에서 죽은 것을 안타깝게 생각하여 구제하
는 것이다."

73 제사와 천도재

"일반적으로는 사람이 죽는 날짜에 제사를 모시는 의식이 있고, 절에는 유주·무주 고혼들을 천도하는데, 제사와 천도의 다른 점은 무엇입니까?"

"제사는 산 사람이 자신의 생일을 기념 하듯이 죽은 사람은 그와 인연 있는 사람들이 죽은 날자를 잊지 않게 하기 위해 기념추도하는 것이고, 천도재는 고통의 세계를 윤회하고 돌아다니는 영가들을 부처님의 법문을 통해 깨우쳐 줌으로써 생사를 벗어나게 하는 것이다."

"귀신은 몸이 없는데 어떻게 그것이 천도되었는지 아니 되었는지 알 수 있습니까?"

"도인은 눈이 없이도 앉아서 3만리, 서서 9만리를 본다는 말이 있다. 도인이 직접 보아 알지 못한다 하더라도 영가가 선몽하여 자신의 해탈을 알리며 감사하는 경우도 있다. 부처님 당시 수가장자의 아버지와 목연존자의 어머니같은 이들이 바로 그런 분들이다."

74 우란분재(盂蘭盆齋)

"7월 백중에 우란분재를 지내는데, 우란분이라는 말
이 무슨 뜻입니까?"

"우란분이란 범어 Ullambana로서 구도현(救倒懸),
즉 거꾸로 매달려 있는 중생들을 구제하는 재라는 말이
다. 목연존자의 어머니 청제부인이 자식에게 거짓말하
고 향락에 빠져 재산을 탕진하고 여러 사람을 괴롭게
한 죄로 무간지옥에 거꾸로 매달려 있었는데, 목연존자
가 부처님께 물어 스님들이 공부하고 해재하는 7월 백
중에 유미죽 공양을 하고 해탈을 얻게 하였다.

어머니 뿐 아니라 그 곳에 갇혀있던 수많은 죄인들이
모두 함께 고통의 세계를 벗어나게 되었으므로 우리나
라에서는 모두 이 날을 부모님께 효행하는 날로 정해
거창하게 재를 베풀고 있다."

"일반적으로는 남의 제사를 함부로 지내지 않고 있는
데, 불교에서는 유주·무주의 고혼들을 모두 함께 천도
하고 있는데, 괜찮습니까?"

"사람이 태어날 때마다 부모를 의지하여 태어나므로
세세생생의 부모를 생각한다면 이 세상 모든 사람이 나
의 부모 형제 아닌 사람이 없다. 그러므로 남의 제사를
내 조상처럼 무심으로 지내는 것이다."

75 제목봉창과 칭불명호의 차이

"일반적으로 종파에 따라 '나무묘법연화경', '한마음', '옴마니반메훔'처럼 제목봉창으로 정진하는 곳이 있는가 하면, '석가모니불', '관세음보살', '지장보살'처럼 여러 불보살의 명호로 정진하는 사람들이 있는데, 어느 것이 더 효과가 있습니까?"

"제목봉창은 법보신앙을 중심으로 한 신앙이고, 칭불명호는 불보살님의 신앙으로부터 비롯된 것이다. 그러나 무엇이 되었든 결과적으로 보면 삼매를 얻었느냐, 얻지 못했느냐의 차이가 있을 뿐 하등의 차이는 없다.

같은 제목봉창 가운데서도 '묘법연화경'과 '대방광불화엄경', 또는 '반야바라밀'을 외우는 것은 경의 제목을 외우는 것이 기본이고, '옴마니반메훔' 같은 것은 법신신앙의 기본이 된다.

그리고 '아미타불', '관세음보살', '석가모니부처님', '약사여래불', '미륵존불' 등은 법·보·화 3신 즉 불·보살의 명호를 중심으로 부른 것인데, 깨달음의 효과는 신앙자의 마음에 따라 달라질 수 있다. 불과 법은 원래 둘이 아니기 때문이다."

"어떤 분들은 진짜와 가짜, 크고 작은 것을 가지고

분석하는 사람도 있는데요?"

"그거야 그 분의 관념이다. 불법을 바로 깨닫고 안 사람이라면 진짜와 가짜가 둘이 아니고, 높고 낮고, 크고 작은 것이 모두 상대적 개념에서 생긴 것이라는 것을 잘 알고 있다."

76 육지장(六地藏)

"일본에서 6지장의 본을 보고 모시려했는데, 어떤 분이 6지장입니까?"
"6지장은 6도중생을 제도하는 지장보살이다.
태장계 만다라에서는
① 지장 ② 보처 ③보수 ④ 지지 ⑤ 보인수 ⑥ 견고 지장보살을 말하고 있고,

연화삼매경에서는
① 광미 ② 보니 ③ 제용 ④ 구승 ⑤ 호찬 ⑥ 불휴식 지장이 있고,

시왕경에서는
① 예천하 ② 방광왕 ③ 금강당 ④ 금강비 ⑤ 금강보 ⑥ 금강원 지장이 있다.

현종기에서는
① 단타 ②보주 ③ 보인 ④ 지지 ⑤ 제개장 ⑥ 일광 지장으로 나온다."

"그러면 이들 6지장을 모실 때는 어떻게 모셔야 합니까?"

"지옥, 아귀, 축생, 수라, 인, 천의 순서를 따라 좌측으로부터 우측으로 모시는 것이 원칙인데, 중앙에 부처님을 모실 때는 부처님 좌측으로부터 천·인·아수라·지장보살을 순서적으로 모시고 우측으로 내려갈 때는 축생·아귀·지옥지장보살을 모시는 곳도 있다. 문제는 법당구조와 다른 부처님과 보살들을 함께 모시느냐에 따라 그 순서와 자리가 조금씩 달라질 수 있다."

77 육관음(六觀音)

"지장보살이 6도중생을 제도하기 위해서 화신을 나타
낸다면 관세음보살도 그렇지 않을까요?"

"그렇다. 관세음보살에게도 6관음이 있는데, ① 성관
음 ② 천수관음 ③ 마두관음 ④ 11면관음 ⑤ 준제관음
⑥ 여의륜관음이 있다. 그런데 다섯 번째 준제관음 대
신에 불공견색관음을 넣기도 하고 불공색관음을 더 넣
어 7관음으로 이야기하기도 한다."

"관음신앙과 지장신앙은 언제부터 불교에 정착하기
시작하였습니까?"

"인도사람들은 일찍 부터 땅과 물을 보살로 생각하기
도 하였다. 그래서 물신앙은 관세음으로 땅 신앙은 지
장으로 오랫동안 신앙해 왔는데, 이는 그 분들의 좌우
보처를 보면 알 수 있다.

관세음보살의 좌보처는 남순동자이고 우보처는 해상
용왕이며, 지장보살의 좌보처는 도명존자이고 우보처는
무독귀왕이다.

바다는 북쪽은 얼어붙어 갈 수 없으니 남쪽 길을 잘
아는 사람이 인도해야 하므로 남순동자가 되고, 바다를
접한 육강(陸江)들은 마치 용처럼 비틀어진 강을 상선

무역선을 거느린 사람(용)들이 물을 헤쳐가며 세상의 보물들을 구해내므로 해상용왕이 되는 것이다.

또 산은 산길을 잘 아는 사람이 인도하여야 바른 길을 갈 수 있으므로 도명존자가 길잡이가 되는 것이고, 산악에서 사는 만 가지 식물과 동물 가운데 독성이 있는 것이 많은데 그 독을 없애 약이 되게 해주는 자가 있어야 하므로 무독귀왕이 되는 것이다."

78 불기년대에 대하여

"우리나라에 유행하고 있는 불기년대는 3000년 전 연대와 2500년 전 연대가 있는데, 왜 이렇게 차이가 나는 것입니까?"

"중국의 주서이기(周書異記)는 3천년 전 역사를 쓰고 있으나 설화적인 내용이 풍부하고 2500년 전 역사는 불멸 후 1백 년경 전 인도를 통일한 아쇼카대왕의 비문을 중심으로 쓰고 있기 때문에 고고학적 자료로서 간증하는 것이 좋을 것이다."

"또 부처님의 출가성도 연대에 대해서도 책마다 각각 다른데요."

"중국의 주서이기(周書異記)에서는 19세 출가 30세 성도로 썼는데, 아쇼카경에는 29세 출가 35세 성도로 보고 있기 때문에 큰 착오가 난 것이다."

"그 원인이 무엇에 있다고 보십니까?"

"부처님께서 19세에 출가하려 하였지만 아버지께서 아이 하나만 낳아 달라고 하여 10년을 기다리다 보니 29세에 라훌라를 낳아 출가하였기 때문이다. 35세에 성도, 45년간 교화하신 것은 똑같다."

79 말세(末世)

"기독교에서는 말세론이 있는데, 불교에도 말세론이 있습니까?"

"세월이 가면 세상은 탁해지고, 견해도 탁해지며, 번뇌도 탁해지며, 중생도 탁해지고, 명(命)도 탁해지는 5탁 악세가 된다 하였다."

"그때가 언제입니까?"

"금강경에 후 500세라 하였는데, 부처님 돌아가신 뒤 2500년경이라 하였다.

먼저 500년은 정법시대,

다음 500년은 선정시대,

다음 500년은 상법시대,

다음 500년은 논쟁시대,

다음 500년은 투쟁견고시대,

다음 1만년은 판매시대라 하였다.

정법시대는 바른 법을 실천코자 노력하는 시대이고,

선정시대는 그 가운데서도 계를 지키고 선정을 닦고자 노력하는 시대이고,

상법시대는 모양(불상·탑 등)을 만들어 숭배하는 시대이고,

논쟁시대는 여러 가지 부파를 만들어 정사를 구분하는 시대이고,

투쟁견고시대는 이미 형성된 불교문화재를 가지고 서로 주인이라 다투는 시대이고,

판매시대는 불상과 탑, 불경과 불구등을 판매해 먹고 사는 시대이다.

그러나 그때를 당해서 진짜 반야불교가 온다 하였으니 이것이 대승의 보살불교라 할 수 있다."

80 대승과 소승

"불교에는 대승과 소승불교의 차이점이 있다는데요?"

"그렇다. 부처님께서 성불하시고 그의 제자들과 일생을 지나며 실천하신 불교를 근본불교라 하고, 그 원시불교를 본받아 약 100년 동안 한 맛 한 뜻으로 실천한 불교를 근본불교라 하고, 그 뒤 제2, 제3결집이 이루어지면서 분열된 불교를 부파불교라 하며, 부파불교에서 한 발짝 더 뛰어 중생과 세계를 위해 봉사하는 불교를 대승불교라 하는데, 대승불교인들이 자기 자리만을 위해서 믿는 부파불교를 소승불교라 폄칭(貶稱)하였다."

"그러면 소승불교와 대승불교의 같고 다른 점이 무엇입니까?"

"근본·부파·대승불교의 공통점은 다 같이 3보에 귀의하여 같은 계율을 지키고 화합하는 삶을 하는 것이고, 소승불교는 오직 석가 한 부처님만을 신앙하는데 대승불교에서는 3세시방의 많은 불보살을 신앙하는 것이 다른 것이다.

대부분 소승불교에서는 선정에 의한 신비체험으로 사제지간의 전승유지를 중시하였으나, 대승불교는 이상적인 지식으로 구극적 가치를 창조하고 번뇌를 깨트리며 해탈자재를 위해 수행하였으니, 무애자재를 중히 여기므로 법의 고정적 관념에서 벗어났다.”

“그러면 소승은 타율적, 전통적 관념에 얽매이고 자각적 해탈을 중시 여겼다는 말씀이군요?”

“그렇다. 그래서 대승에서는 자율적 창조활동으로 이타적 수행을 본위로 하였고, 소승들이 초인적인 인격불을 중시하여 보살사상을 인정하지 않는 대신 대승은 서원따라 우수한 세계를 돌아다니며 많은 부처님 세계를 체험했었다.”

“심성은 실제 깨끗하여 미혹된 바가 없으나 많은 사람과 많은 세계를 접하고 보면 오히려 거기 끄달려 고통을 초래하는 것 아닙니까?”

“번뇌가 본래 공하고 오직 이름뿐 실체가 없는 줄 안다면 선악의 관념에 끄달릴 필요가 없다.”

“그렇지만 중생은 무명 갈애에 얽히기 쉽고 사물의 모양에 끌리기 쉽습니다.”

“그러므로 대승은 도덕적 종교적 가치를 창조하고 사물을 내용 중심으로 파악하여 회신멸지하는 열반보다는 생사에 머물지 아니하는 열반평화를 즐긴다.”

“나도 모르는 사람이 남을 제도한다고 나섰다가는 망신 당할 염려가 있는데요?”

"부모님은 무식해도 유식한 자식들을 길러내고 있으며, 한 가지에 능한 스승이 넓은 세계를 바라보고 깊은 세계를 탐색하는 박사들을 만들어내고 있다.

자기만 위하느냐? 남만 위하느냐? 하는 것보다는 자이이타(自利利他) 자각각타(自覺覺他)가 좋으니 역량 따라 불교를 행할 것이지, 꼭 이것만 꼬집어 좋고 나쁨을 가리다가는 자칫 불법 외도에 빠지기 쉽다."

81 외도(外道)

"외도란 무엇입니까?"

"바른 길을 가지 못하는 것이다. 출가수행을 하여도 도를 닦기 보다는 먹고 살기 위해 또는 출세를 위해 명예를 탐하고 권력을 구한다면 그것을 불교에서는 불법 외도라 부른다."

"그러면 일반 외도는 어떤 것입니까?"

"진리를 나 밖에서 찾고 세상의 불행을 부모나 세상, 또는 자연이나 시대에 핑계하는 것이다. 원래 자기의 씨는 자기가 가지고, 부모는 오직 영과 육을 길러 준 사육사에 불과한 것인데 부모를 원망하고 세상을 저주하며 제 잘난 체 하고 남을 존경할 줄 모르는 사람을 외도라 부른다. 말하자면 바로 가는 등산로는 눈 앞에 있는데 길도 깎아지지 않은 험한 길을 홀로 개척한다고 고집부리고 사는 사람이다."

"참으로 불쌍한 사람이네요?"

"불쌍한 줄도 모르고 사는 사람들이다. 먹고, 입고, 자고, 오직 동물적인 삶을 하면서도 오히려 성현들을 비방하고 업신여기며 살고 있으니 말이다."

82 인연(因緣)

"인연, 인연 하는데, 어떤 것을 인연이라 합니까?"
"씨앗으로 볼 때는 밭이 연이고, 밭으로 볼 때는 씨 앗이 연이다."

"이 세상에는 수많은 인연이 있는데, 어떤 인연들이 같이 모여 삽니까?"
"죽었다 났다, 또 죽었다 났다 하고 1만 겁을 거듭하 면서 부모자식, 스승제자가 되자고 약속한 인연은 부모 자식, 스승제자의 인연이 되고,

9천생 인연은 형제간이 되며,
8천생 인연은 부부간이 되고,
7천생 인연은 하루 저녁 동침하게 되고,
6천생 인연은 이웃집에 가서 태어나고,
5천생 인연은 한 마을에 태어나고,
4천생 인연은 한 면에 태어나고,
3천생 인연은 한 군에 태어나고,
2천생 인연은 한 도에 태어나고,
1천생 인연은 한 국가에 태어나서 같은 언어, 같은 문자, 같은 습속으로 더불어 살게 된다.

그러므로 인연은 진실로 소중한 것이다. 잠시 잠깐 이용한 사람도 1회용, 2회용밖에 되지 않으면서도 업신여기고 박대한다면 되겠는가. 이런 도리를 깨달아 빚 잘 갚기 바란다.”

83 빚

"'빚 잘 갚아라' 하시니 말씀인데, 예수재 지낼 때 빚 갚은 방법이 나오는데, 어떤 이는 금강경, 어떤 이는 미타경, 또 어떤 이는 법화경으로 갚으라 하였는데, 왜 그런 차이가 나는지 모르겠습니다."

"금강경으로 갚으라 한 사람은 상(相)이 많은 사람이고, 미타경으로 갚으라 한 사람은 근본(비로자나 법신)을 모르는 사람이며, 법화경으로 갚으라 한 사람은 방편과 진실을 모르는 사람이기 때문이다.

돈만 주고 경만 사서 불사른다고 그 빚이 다 갚아지는 것이 아니라 그 경전의 내용을 알고 그 같은 행을 하여 깨달음을 얻어야 완전히 빚을 다 갚게 되는 것이다."

"책 편수가 더 많고 작은 차이는 어찌 하여 생깁니까?"

"빚을 2중 3중으로 졌기 때문이다. 사람들은 물건, 돈, 사랑만 가지고 생각하는데, 세상에 태어나면서 부터 보고, 듣고, 맡고, 맛보고, 감상한 대자연, 해와 달, 별, 공기, 물, 산천초목을 생각한다면 가히 값으로 다 계산할 수 있겠는가 생각해 보라."

"백천만 겁을 생각해도 다 헤아릴 수 없겠습니다."

"그렇다면 부지런히 갚고, 그것을 따질 필요는 없다."

84 신(神)

"화엄경에는 39위 신장이 나오고, 신장탱화에는 104위 신장들이 나옵니다. 불교에 무슨 신이 그렇게 많이 모여 있는지 알 수 없습니다."

"신은 정신이다. 마땅히 깨달아야 할 정신이 그렇게 많은 것이다. 이들은 옛날 옛적부터 우주인생의 근본을 모르는 사람들이 밖에서 나타난 신비한 현상을 보고 그 속에 그러한 신들이 들어 작용하는 것으로 생각하고 섬기기 시작한데서 비롯된 것인데 불교에서는 모두 그 속에 그들만이 가지고 있는 특별한 정신이 들어있는 것으로 생각하여 그들을 공경하고 받드는 것이니 일반 귀신들과는 종류가 다르다."

"귀신과 천신이 다르다니요?"

"우선 그 이름과 모양이 다르지 않느냐. 귀신은 귀신의 모양을 하고 천신은 천신의 모습을 하고…."

"그 모습이 어떻게 다릅니까?"

"옛 사람들은 물귀신은 할멈처럼 생겼다고 알고, 산신은 산할아버지처럼 생겨 우리나라 단군할아버지 처럼 조각하지 않던가. 그렇지만 산할아버지, 물할멈은 그 속에 들어있는 것이 아니라. 산의 정신, 물의 정신이 그대로 산신이고 물귀신인 것이다."

85 팔부신장(八部神將)

"팔부신장이란 어떤 신들입니까?"
"4천왕에 따른 여덟 분의 신장을 말한다. 천, 용, 야차, 아수라, 가루라, 건달바, 긴나라, 마후라가 등이다."

"4천왕은 어떤 분들입니까?"
"수미산 4주(州)를 옹호하는 지국천, 증장천, 광목천, 다문천 등 네 분이다.

지국천은 동 불바제를 옹호하는 신장으로 건달바, 부단나 두 귀신들을 거느리고 있고,
증장천은 남 섬부주를 옹호하는 신장으로 구반다, 폐려다 두 귀신들을 거느리고 있으며,
광목천은 서 구야니를 옹호하는 신장으로 용과 바사사 등 두 귀신들을 거느리고 있으며,
다문천은 북 울단원을 옹호하는 신장으로 야차, 나찰 등 두 귀신들을 거느리고 있다.

천은 하늘사람이고, 용은 바다 해상무몀 신이며, 건달은 악기부이고, 야차는 흡혈귀, 아수라는 육해공군, 가루라는 가수, 긴나라는 무용수, 마후라가는 포주들, 폐려다는 조부조상, 비사사는 정기를 빨아먹는 귀신, 라

찰은 야차의 부인으로 사람을 잡아먹는 여자귀신이다.

　조직적인 세상을 살아가는 데는 이같은 신장들을 거느리지 않고는 살 수 없으므로 동, 서, 남, 북 4천을 거느리는 왕들도 이와 같은 신장들을 거느리고 있다. 요즈음 말로 하면 국방부 산하 예악(藝樂)을 담당한 부대원들이다."

86 지상신(地上神)

"이외에도 지상을 담당한 신장들이 계신다 하던데요?"
"8부신장은 허공 속에서 옹호하는 분들이고, 밤을 담당한 주야신, 낮을 담당한 주주신, 방향을 담당한 주방신, 허공을 담당한 주공신, 바람, 불, 물, 바다를 담당한 주풍신, 주화신, 주수신, 주해신, 호수를 담당한 주하신, 곡식을 담당한 가신, 우물, 산, 땅, 성, 도량, 교통을 담당한 주정신, 주산신, 주지신, 주성신, 주량신, 족행신, 허드레 일을 거드는 신중신, 여럿이 일을 거드리고 무기를 들고 주위를 보살피는 신중신, 집금강신 등이 있다.

사람들은 신들의 도움 없이 홀로 잘 사는 것 같지만 이들의 보호를 받지 않고는 살 수 없다. 해와 달, 별, 밤과 낮의 구별 없이 살 수 있겠는가. 동, 서, 남, 북 4유와 상하를 가져 허공을 지켜주는 신들이 있으므로 안심하고 살 수 있는 것이다.

물, 불, 바람, 바다 없이 사람들의 삶이 실천될 수 있으며, 호수, 곡식, 약, 숲, 당, 성, 도량, 교통수단, 도우미, 경찰, 경비 없이 살 수 있겠는가 한 번 생각해 보라.

그래서 불교에서는 이들 모든 신들을 이 몸과 마음, 가정, 사회, 국가를 지켜주는 신장으로 이해하고 감사하는 것이다. 일반 귀신과는 입장이 다르다. 모든 존재들이 각기 자기 특징을 가지고 이 사회와 인간, 축생들을 돕고 있기 때문이다."

87 천신(天神)

"그러면 불교에서도 하늘 신들을 인정합니까?"

"당연하지. 지상에서는 4천왕이 도이천을 모시고 있고, 도이천 위에는 도솔천, 염마천, 자재천, 타화자재천 6천이 있어 세상 사람들이 부러워할 정도의 부귀, 권력, 권속을 거느리고 있으므로 욕계천이라 한다.

욕계천 위에는 순수한 정신에 의해 사는 초선, 2선, 3선, 4선처와 청정한 색상에 의해 사는 범천(梵天 : 대범천, 범보천, 범중천), 정천(淨天 : 소정천, 무량정천, 변정천), 광천(光天 : 극광정천, 무량광천, 소광천)이 있고, 무색계천에는 공무변처천, 식무변처천, 무소유처천, 비상비비상처천이 있다.

불교에서는 이들 모든 천당을 스물여덟 개로 계산하여 28천이라 하고 있다. 이들은 모두 우리 인간들 보다는 뛰어난 복과 선정력, 신통을 가지고 있기 때문에 우리와는 다르지만 거기에도 욕심이 있고, 색상이 있으며, 수명이 있으므로 3계 25유 중생으로 나누어 그 수준을 분간하고 있다."

"그렇다면 올라갈수록 그 모습과 복력이 다르겠네요?"

"당연하다. 천당에 태어나 살고자 하면 보시, 지계, 인욕, 정진, 선정을 닦아 남다른 지혜를 갖추어야 한다."

88 지옥(地獄)

"지옥에는 어떤 것들이 있습니까?"

"죄의 경중에 따라 8만4천 지옥이 있는데, 그중에서도 우리에게 크게 알려져 있는 지옥은 열여덟 개가 있다."

"그 18지옥을 우리를 위해 설명해 주십시오."

"① 탐애를 아버지로, 무명을 어머니로 삼아 끝없는 수면 속에서 선현들을 죽이고 화합을 깨트리는 자들이 들어가는 문 없는 지옥인 무간지옥이 있고,

② 무지한 행으로 거짓말을 일삼고 인의예지를 파괴한 자들이 들어가는 이경지옥이 있으며,

③ 후미진 골짜기에서 남의 물건을 훔치고 도적질하며 소와 양, 돼지 등 가축들을 비참하게 살육하여 사리사욕만 취한 자들이 들어가는 한방지옥이 있고,

④ 전도된 마음으로 미충들을 압사시키고 돌로 쳐죽인 과보로 만들어진 맷돌지옥이 있으며,

⑤ 우치한 마음으로 술, 고기를 탐하고 부모형제를 섬기지 않는 자들이 들어가는 똥물지옥이 있고,

⑥ 비금주수를 못살게 굴고, 털 달린 물건들을 괴롭게 한 죄인들이 들어가는 화탕지옥이 있으며,

⑦ 색을 탐하여 비행을 저지른 무리들이 들어가는 불, 톱니지옥이 있고,

⑧ 우치망상으로 사리사욕만 취한 사람들이 들어가는 동주지옥이 있으며,

⑨ 탐관오리들 재판을 잘못하여 사람들을 괴롭게 한 관리들이 들어가는 제곡지옥이 있고,

⑩ 총칼들고 사람들을 찔러죽이고 쏘아죽인 사람들이 들어가는 도산지옥이 있으며,

⑪ 4방을 틀어막고 백성들의 고혈을 빤 탐관들이 들어가는 철상지옥이 있고,

⑫ 산간에 불을 놓아 산천을 태우고 뭇 벌레들을 태워 죽인 자들이 들어가는 도탄지옥이 있으며,

⑬ 부정한 신발로 성지를 더럽힌 자들이 들어가는 철창지옥이 있고,

⑭ 계곡산간에 그물을 쳐 생물들을 포획한 자들이 들어가는 진흙지옥이 있으며,

⑮ 부모 스승을 박대 불효한 자들이 들어가는 중합지옥이 있고,

⑯ 떼로 몰려 도적질하고 탈취한 재물로 방탕한 자들이 들어가는 석계지옥이 있고,

⑰ 간토 굴혈로 사람들을 빠트려 죽이고 험한 길에서 돌을 굴려 죽인 자들이 들어가는 감수지옥이 있으며,

⑱ 5계 10계를 범하고 행주좌와에 방일한 자들이 들어가는 8한8열지옥이 있다."

"그들 지옥의 고통은 어떠합니까?"

"하루 24시간 한 시간도 쉼 없이 고통을 받으며, 다시 태어난다 하더라도 아귀, 축생이 되거나 하천한 사람이 되어 사람 노릇을 제대로 하지 못한다. 설사 사람 몸을 받는다 하더라도 장애인이 되어 육신을 제대로 쓰지 못하고 노예생활로 자유를 얻지 못하니 차라리 죽는 것만 못 하다 한다. 어찌 그 참상을 말로 다할 수 있겠는가."

89 중생(衆生)

"중생, 중생 하는데, 어떤 것이 중생입니까?"

"지·정·의 3방면 가운데 감정을 본위로 살아가는 것이 중생이다. 그러므로 중생은 선악(善惡), 염정(染淨)을 따지고, 승열(勝劣), 후박(厚薄)을 논하여 만날 시비 속에서 투쟁을 벗어나지 못하고 있다.

자기보다 잘난 사람이나 뛰어난 사람을 보기 싫어하고, 못난 사람들 앞에서 잘난 척하며 못된 짓을 일삼고 사는 사람들이 많다. 자기가 한 일은 모두가 잘한 일이고 남이 한 일은 무조건 배격하는 습관을 가지고 있다."

"중생 가운데서도 착한 사람이 더러 있지 않을까요?"

"진짜로 아름답고 착하며 거룩한 사람도 없지는 않지만 대부분 말이 거칠고, 행동이 포악하며, 생각에 자비, 박애심이 없는 사람들이 많다. 지혜가 없이 지식, 상식만 가지고 논하기 때문이다."

90 번뇌(煩惱)

"번뇌란 어떤 것입니까?"

"탐내고, 성내고, 어리석고, 거만하고, 의심하는 마음으로 남을 업신여기고, 자기만을 칭찬하는 습관을 가진 사람, 이런 사람들은 견해가 고집스럽고 습관이 완고하여 쉽게 고쳐지기 어렵다."

"어리석은 사람은 어찌 하여 어리석으며 지혜로운 사람은 어찌 하여 지혜롭습니까?"

"어리석은 사람은 이 몸과 마음이 어떻게 하여 존재하는지 그 이치를 잘 모르므로 자만에 빠지기 쉽고 남을 속였다가 나중에는 그것이 들통나서 고통을 받게 된다.

일이 잘 아니 되면 남을 핑계하여 화를 내며, 화가 나면 물불을 가리지 못하며 자기 신세를 들볶는다. 그래서 목구멍(頁)에서 불(火)이 나므로 번(煩)자가 되는 것이며, 마음(忄)의 밭(田)에 제2, 제3(川)의 풀이 나서 묵은 밭을 형성하므로 뇌(惱)라 하는 것이다.

눈, 귀, 코, 혀, 몸, 뜻 6근이 빛, 소리, 냄새, 맛, 감촉, 법을 보고 자기 지식과 상식 등 6식을 만들어 거기 끄달리므로 18번뇌가 되었다가 그것을 안팎으로 퍼뜨려지게 하면 36번뇌가 되며, 과거, 현재, 미래에 끝없이 얽매이면 108번뇌라 한다."

"아, 그래서 108염주로 108번뇌를 녹이라 하는군요."

91 베다(吠駝)

"불교에 있어서 베다의 위치를 알고 싶습니다."
"베다는 지혜의 뜻으로 인도 바라문교의 전통성전을 말한다. 오늘날까지 네 베다가 전해오는데, 리그베다, 사마베다, 야주르베다, 아타르바베다 등이 그것이다."

"리그베다는 어떤 것입니까?"
"대자연을 찬탄하는 글이다."

"사마베다는요?"
"소마제를 올릴 때 숙성시킨 소마주를 신에게 올리며 염송하는 시로, 앞의 리그베다를 시의 형식으로 바꾸어 놓은 것이다."

"야주르베다는요?"
"여기 흑야주르베다와 백야주르베다가 있는데, 흑야주르베다는 산문으로 구성되어 있고 백야주르베다는 운문이다. 그리고 아타르바베다는 여러 가지 재난을 없애기 위해 염송하는 주문인데, 쾌락적인 요소가 많이 들어있다.
이것이 장차 불교에 들어와서는 9부 12부 대장경 가운데 기야, 가타가 된다."

"9부 12부는 어떤 것입니까?"

"이는 대장경 구성의 문제를 말하는데, 수다라(經), 기야(重頌), 가타(孤起頌), 이제왈다가(本事), 사다가(本生), 아부다달마(未曾有法), 우타나(無問自說), 비불략(方廣), 화가라(授記) 등이 9부이고, 여기에 비유(아파타나), 인연(니타나), 논의(우파데사)를 더 붙이면 12부가 된다. 그러므로 베다는 불교성전을 구성하는데 중요한 역할을 하였다고 볼 수 있다."

92 범패(梵唄)

"범패란 무엇입니까?"

"인도의 노래이므로 곧 불교 노래도 이에 해당한다. 부처님께서 기수급고독원에 계실 때 교살라국 바사익왕이 법문을 들으러 가다가 영성(鈴聲)비구의 범패소리에 감동하여 데려다 물으니 부처님을 찬탄한 노래였다.

여래묘색신 (如來妙色身)
여래의 묘한 몸
세강무여등 (世間無如等)
세간엔 짝할 이 없네
무비부사의 (無非不思義)
비교하여 사의할 수 없음으로
시고아귀경 (是故我歸敬)
그러므로 제가 이제 공경합니다.

다시 부처님께 나아가

운하득장수 (云何得長壽)
어찌하여 오래 사는가
금강불괴신 (金剛不壞身)
다이아몬드 같이 부서지지 않는 몸

151

부이하인연 (復以何因緣)

이 무슨 인연인가

득대견고력 (得大堅固力)

큰 견고한 힘이 있기 때문이네

하고 다시

여래색무진 (如來色無盡)

여래의 무진한 몸

지혜역부연 (智慧亦復然)

지혜 또한 그러하여

일체법상주 (一切法常住)

모든 법에 항상 계시니

시고아귀경 (是故我歸敬)

그러므로 내 이제 귀경합니다.

하였다.

이것이 여래삼패(如來三唄)이다. 그 뒤 제자들이 함께 찬탄하였다.

처세간여허공 (處世間如虛空)

허공과 같이 세간에 머물러

여연화불착수 (如蓮華不着水)

연꽃과 같이 물에 젖지 않습니다.

심청정초어피 (心淸淨超於彼)
마음이 깨끗하기 저와 같으므로
계수례무상존 (稽首禮無上尊)
무상존께 머리 조아립니다.

이것이 불교범패의 유래이다."

93 고씨따의 해탈

"거듭 실패한 수행자도 도를 깨달을 수 있습니까?"

"있다. 부처님 당시 이씨길리산 중턱 검은 바위 위에서 도를 닦던 고씨따는 여섯 번이나 환속했다가 마지막 일곱 번째 고행으로 해탈한 일이 있다.

멀리 감각적 쾌락에 의한 욕망을 제어하고
통찰에 의해 관념에서 벗어났으며,
미세한 물질계와 정신계의 흐름을 선정을 통해서 보고
억제하는 능력을 가졌다.

세간과 출세간의 두 길을 완전히 벗어나고
성스러운 경지에 의한 안락을 벗어나
열반을 통해 궁극적 해탈을 얻었다.
쓰레기더미에서 핀 장미꽃처럼….”

"그런 사람도 향기가 나는군요!"

"꽃향기는 바람을 거스르지 못하고 전단향도 바람을 거스를 수 없다지만 참 사람의 향기는 모든 방향으로 다 퍼진다.

3보에 귀의하고 모든 생물을 구하는 사람은 거짓말을

하지 않고, 주지 않는 것을 갖지 않으며, 청정을 지키
므로 그 향기 하늘 끝까지 퍼져 올라간다.

　부처님제자 까싸파는 한 벌의 옷으로 일생을 살고 쉰
뜨물로 만족하여 그에게 공양한 사람이 제석천에 올라
가 3일 동안 공양한 일도 있다."

94 태초(太初)

"태초에 이 세상은 어떠했을까요?"

"하늘과 땅이 이루어지기 이전에는 하늘이나 땅이라
는 이름도 없었다.

빛도 소리도, 냄새도 맛도, 모든 것이 다 갖추어져
있으나 시간과 공간이 작정되어 있지 않으므로 시작도
끝도 없이 그저 있는 그대로 있을 수 밖에 없었다.

그래서 옛사람이
만리무운만리천(萬里無雲萬里天)이요,
부재춘풍부재천(不在春風不在天)이라 하였다."

95 불교유적

"불교유적에 대하여 공부하고자 하는데 어떤 책을 보면 좋겠습니까?"

"인도와 스리랑카 책으로는 붓다고사의 청정도론(淸淨道論)이 좋고, 중국 책으로는 법현스님의 불국기(佛國記), 현장법사의 천축기(天竺記), 혜초스님의 왕오천축전(往五天竺傳)이 좋으며, 서양 사람이 쓴 책으로는 커닝햄(Alexander Coningham·영국 고고학자)의 기록을 찾아보면 도움이 된다."

"지금 세상이 많이 달라졌는데, 옛날 책만 가지고 되겠습니까?"

"고고학적인 자료를 가지고 역사적인 사실을 비교연구하면 대강을 짐작할 수 있다.

오래 전부터 부처님께서 마지막 베살리정사 사람들에게 고별인사를 한 장소가 있었는데, 거기에는 오직 산 하나만 있었다. 그래서 그 산을 개간코자 농부가 괭이로 파다보니 갑자기 깨진 불상이 나와 조사해보니 바로 그곳이 부처님께서 복발(福鉢)을 기증한 케샤아르로 복발탑을 산처럼 조성해 놓은 것을 알게 되었다.

이렇게 역사적 사실이 흙 속에 파묻혀 있을 수 있으니 자세히 살피면 아쇼카대왕의 돌비석처럼 곳곳에서 찾아낼 수 있다."

"신화나 전설 속에 진실이 들어있군요?"
"그렇다. 수메르의 신화 속 신들도 마찬가지다.
우주의 최고 신 '안',
그의 아들 '엔릴'은 대기와 폭풍, 홍수의 신이 되어
대지의 여신 '닌후그사그', 물귀신 '엔키',
사랑의 여신 '이난다'로 나누어져
엔키는 리푸르시의 주인이 되고
이난다는 우르크를 다스렸다 하였는데
그 역사가 요즘 확인되고 있다.

또 유프라데스 강가 우르군시에는
폭군 '길가메시'가 있었는데
백성들이 진흙사람 '엔키두'를
호랑이 소굴에 보내 용맹을 기르자
길가메시는 미녀를 길러
밀림 속에서 그를 유혹했다.
멋도 모른 엔키두가 미녀에 빠지자
그의 가르침으로 엔키두를 치고자
우르크시 신전 앞에 나타났다가
마침내 화해하여 평화롭게 살았다는 전설도 있다.

그러나 두 사람은 서로가 모험을 즐겨 여행하다가
이슈탈의 황소를 죽인 죄로 엔키두가 죽자
세상의 무상을 느낀 왕은
마침내 영원한 생명의 비밀을 찾아 나섰다가
수못파크 마을 우트노피슈팀을 만나
신단의 영초를 얻게 되었다.

그러나 우크라시 근처 시내에서 목욕하다가
뱀에게 영초를 빼앗기고 길가메로 돌아와
평범한 인생을 한없이 즐겼다.

이와같이 동서의 전설과 신화는 인류의 역사를 찾아
내는 좋은 길잡이가 되고 있다. 어렵기는 하지만….”

96 불교의 포교방법

"저는 불교학과를 졸업하고 포교방법을 배웠으나 포교가 잘 되지 않습니다."

"중생의 근기를 잘 알아야 한다. 세상의 욕락을 즐기는 사람들에겐 인천교를 가르쳐 지악수선(止惡修善)하게 하면 좋은데 이곳에는 10선과 10악, 인과법을 설해주는 것이 가장 좋다."

"불교에 정식으로 입문한 사람에게는 어떻게 가르치는 것이 좋겠습니까?"

"문 안에 들어왔다 하더라도,

① 인과를 좋아하는 성문승에게는 고집멸도의 인과법을 가르치고,

② 인연을 즐기는 연각승에게는 인연의 깊은 법을 가르치고,

③ 봉사활동을 즐기는 보살들에게는 6바라밀, 10바라밀 등 바라밀을 가르치는 것이 좋다.

④ 그리고 마음을 깨달아 해탈고자 하는 자에게는 불과법, 즉 심법을 설해주는 것이 좋다.

대해(大海)는 한 맛이고, 약초는 크고 작은 것이 없기 때문이다. 시간 속에서 깨달음을 즐기는 자에게는 일월

등명불(日月燈明佛)을 가르치고, 툭 터진 세계를 원하는 사람들에게는 대통지승불(大通智勝佛)의 16왕자들 이야기를 해 주는 것이 좋다."

97 정신과 육체적 포교자료

"정신적 육체적 고민이 쌓인 현대인들을 위한 불교포교의 자료를 알고 싶습니다."

"첫째, 정신적인 면에서는 안정평화가 제일이다. 우선 무엇이 문제인가를 알아 꿈속에서 헤매는 사람이 있으면 먼저 경계를 따라 간단히 시식(관음시식이나 구병시식)을 베풀고, 인도의 사마빠뜨 지관선(止觀禪), 중국의 달마선(見性禪), 6조의 반야선, 또는 노장의 단전복기 뇌호흡을 시키면 좋으며, 의지 없는 사람에게는 티베트의 자비선, 의심이 많은 사람에게는 한국의 간화선, 일본의 사량선, 서구의 마인드 컨트롤 같은 것이 좋다.

두번째, 육체적 건강이 좋지 않는 사람에게도 여러가지 방법이 있는데, 호흡이 촉박한 사람에게는 인도의 요가를, 몸을 움직이기 싫어하는 사람에게는 중국의 선식(禪食)에 소림권(18기), 한국의 태권도, 선무(禪武), 또는 템플스테이가 좋고, 복장이 난잡하고 음식을 함부로 먹는 사람에게는 일본의 화복(和服)을 입혀 가라데를 가르친 뒤 평상시 평화롭게 자유스럽게 먹는 화식(和食)을 시키는 것이 좋다.

그러나 근기의 차이가 있기 때문에 어떻게든 즐겁고 자유스러운 분위기 속에서 실천하여 누가 시키지 않아도 스스로 할 수 있도록 훈련하는 것이 좋다."

98 법회의 분위기

"법회를 잘 보려면 어떻게 해야 합니까?"

"첫째는 분위기가 좋아야 하니, 앉고 서는 자리가 편안해야 하고, 둘째는 법회 청중이 부담이 없어야 한다. 법화경에 6서(瑞)가 있지 않는가?"

"6서가 무엇입니까?"

"첫째, 설법은 성스러워야 하고,

둘째, 입정에 들었을 때 부담이 없어야 하며,

셋째, 하늘에서 꽃비가 내리는 기분이 나야 하고,

넷째, 천지가 진동하는 것처럼 몸과 마음에 신앙의 신비가 나타나야 하며,

다섯째, 대중이 모두 기뻐하여야 하고,

여섯째, 사람들의 몸에서 빛이 쏟아지는 것이다.

그렇게 하려면 우선 법회청중이 질서있게 들어와 4부 대중과 보살중, 호법중이 자리를 잘 정돈하도록 사회가 사회를 잘 보아야 한다."

"법사는 어떻습니까?"

"물론 법사는 상호가 원만해야 되고, 명칭이 길상하여야 하며, 법력이 있어 무슨 질문에도 두려움이 있어

서는 아니 된다."

"혹 모르는 것은 질문해도 겁내지 않습니까?"
"원래 법사는 아는 것은 안다 하고, 모르는 것은 모른다고 하는 것이 법사이니 거짓없이 진실되게 토로하여야 한다."

99 포교사의 자질

"포교사의 자질에 대하여 간단히 말씀해 주십시오."

"불교의 법사이므로 불교교리와 역사에 능통하여야 하고, 깨달음이 철저하여 막힘이 없어야 한다. 그렇게 하려면 우선 부처님 당시 근본불교를 잘 알아야 하고, 부파불교, 발달불교(대중불교)에 대한 조예가 있어야 하며, 특히 모든 경율의 육하원칙(언제, 어디서, 누가, 누구에게 무슨 말을 했는데, 그 결과가 어떻게 되었다)에 따라 분명한 전거를 가지고 설명할 수 있어야 한다.

또 경과 율의 내용을 잘 파악하고 있어야 하고, 비유, 인연, 본생, 인과, 수기, 넓고 큰 화엄의 세계에 대해서도 잘 알아야 한다."

"그렇게 되지 못했을 때는 어떻게 해야 합니까?"

"아는 데까지만 설하는데, 근거 없는 소리나 세속의 허망한 이야기를 함부로 하면 아니 된다. 한 가지 사건이 나오면 경율논 3장을 인용하여 그 내용을 시, 소설식으로 잘 풀어서 이해시키고 고전이지만 현대에 바로 적용할 수 있도록 응용해서 설명한다."

"세계적인 대포교사를 든다면 어떻습니까?"

"부처님과 그 뛰어난 제자들은 말할 것도 없거니와 미얀마의 밍군사야도, 티베트의 종까파, 한국의 원효스님처럼 융통불교, 화해불교, 종요(宗要)불교를 잘 알면 더욱 좋다."

100 거사불교

"거사불교에 대하여 알고 싶습니다."

"가정을 거느리고 사는 사람을 거사라 하고, 세상에 처하면서도 가정이 없어 떠도는 사람을 처사라 한다. 거사는 인도의 유마거사, 중국의 노방거사, 한국의 부설거사를 제1로 친다."

"유마거사는 무엇으로 유명합니까?"

"불이(不二)법문, 중도사상으로 유명하고, 병을 핑계하여 육체적 정신적 병에 걸려 있는 사람들의 상담자가 되었다."

"노방거사는요?"

"가족불교의 본이다. 아들은 서서 죽고, 딸은 앉아서 죽었으며, 자신은 누워서 죽고, 마누라는 걸어갔는데, 아직까지 소식이 없다."

"부설거사는 어떻습니까?"

"장애인 부인을 거느리고 처가살이를 하면서 장인 장모를 잘 모셨고, 아들 딸 하나씩을 낳아 모두 깨달음을 얻게 하였다. 특히 노동불교의 본이 된다."

"가정생활불교를 실천하는데, 좋은 방법이 있습니까?"
"이 몸이 법당이요, 이 마음이 부처다.
가정이 불당이고 가족이 도반이다.
국가가 곧 불교이고 국민이 곧 승가다.
세계가 한 꽃이요, 만민이 동체다.

이렇게 생각하고 천 겁 만 겁 인연을 소중히 생각하면서 선인선과를 지으면 집안도 편안하고 본인도 즐겁게 살 수 있을 것이다."

101 화엄경의 십불(十佛)

"화엄경에 십불이 나오는데요?"

"60화엄에 보살이 진지(眞智)를 깨달으면 온 법계가 그대로 부처가 되는데, 그것이 곧 해경(解境) 십불이 된다하여 중생신, 국토신, 업보신, 성문, 벽지불신, 보살신, 여래신, 지신, 법신 허공신이 나오고,

또 보살이 수행의 완성에 다다르면 행경십불이 이루어지는데, 정각불, 원불, 업보불, 주지불, 화불, 법계불, 심불, 삼매불, 성불, 여의불이 그것이라고 하였다.

그러므로 절에서는 밥을 먹을 때
청정법신 비로자나불, 원만보신 노사나불
천백억화신 석가모니불, 당래화생 미륵존불
서방극락 아미타불, 시방삼세 일체제불
대성문수사리보살, 대행보현보살
대비관세음보살, 대세지보살
제존보살마하살, 마하반야바라밀이라 외운다."

102 4구게

"각 경전에는 4구게가 있는데, 어떻게 만들어진 것입니까?"

"그 경전의 대표적인 글귀를 하나씩 뽑아 놓은 것인데, 화엄경에서는 야마천궁게찬품의 각림보살 4구게를 추천하였다."

"그 게송의 내용은 어떻습니까?"

"약인욕료지 (若人欲了知)

삼세일체불 (三世一切佛)

응관법계성 (應觀法界性)

일체유심조 (一切唯心造)가 그것이다.

3세 모든 부처님을 알고자 하면 마땅히 법계성을 관하라. '일체가 마음 뿐이다' 하신 말이다."

"다른 경에도 그런 글귀가 있습니까?"

"금강경은

범소유상(凡所有相)

개시허망(皆是虛妄)

약견제상비상(若見諸相非相)

즉견여래(卽見如來)가 그것이다.

열반경은
제행무상(諸行無常)
시생멸법(是生滅法)
생멸멸이(生滅滅已)
적멸위락(寂滅爲樂)이며

법화경은
제법종본래(諸法從本來)
상자적멸상(常自寂滅相)
불자행도이(佛子行道已)
내세득작불(來世得作佛)이라 하였다.

모든 현상은 시간 따라 변해가니
보는 놈이 누군 줄 알면 바로 여래를 보리라 한 것이
금강경 게송이고

모든 행은 무상하다. 이것이 생멸법이다.
생멸심이 다 없어지면
그대로 열반락을 얻는다 하는 말이 열반경 게송이며,

모든 법은 본래부터 항상 스스로 적멸해 있으니
불자가 이러한 도리를 알면 바로 부처가 되리라 한 것
이것이 곧 법화경 게송이다."

103 법성게(法性偈)

"법성게가 의상대사의 졸업논문이라는 설을 들었는데요?"

"신라 황복사스님 의상이 650년 원효와 함께 당나라로 유학갔다가 원효스님은 요동에서 해골바가지 물을 마시고 도를 깨닫고, 의상은 2년 후 종남산 지엄스님 밑에 가서 8백 웅도들과 기염을 토하였는데, 거기서 60화엄경의 대의를 정리한 것이 30구절 210자 법성게다."

"법성게가 무엇입니까?"
"우주법계의 성품을 게송(노래)으로 읊은 것으로,
처음,
① 법상원융무이상(法相圓融無二相)로부터
④ 증지소지비여경(證智所知非餘境)까지는
깨달음의 내용을 읊은 것이고,

⑤ 진성심심극미묘(眞性甚深極微妙)로부터
⑥ 불수자성수연성(不隨自性隨緣成)까지는
연기(緣起)의 체(體)를 설명한 것이며,

⑦ 일중일체다중일(一中一切多中一)로부터

⑧ 일즉일체다즉일(一卽一切多卽一)까지는
다라니(다라니)의 작용을,

⑨ 일미진중함시방(一微塵中含十方)로부터
⑩ 일체진중역여시(一切塵中亦如是)까지는
현상세계의 법칙,

⑪ 무량원겁즉일념(無量遠劫卽一念)로부터
⑭ 잉불잡난격별성(仍不雜亂隔別成)까지는
화엄계의 시간관이다.

⑮ 초발심시변정각(初發心時變正覺)로부터
⑯ 생사열반상공화(生死涅槃相共和)까지는
수도의 단계,

⑰ 이사명연무분별(이사명연무분별)로부터
⑱ 십불보현대인경(십불보현대인경)까지는
사물의 덕을 전체적으로 논한 것이니,
⑤로부터 여기까지는 모두가 자이행(自利行)이다.

그리고
⑲ 능인해인삼매중(能仁海印三昧中)로부터
⑳ 번출여의부사의(繁出如意不思意)까지는
법성도의 모습이고,

㉑ 우보익생만허공(雨寶益生滿虛空)로부터
㉒ 중생수기득이익(衆生隨器得利得)까지는
이익을 얻는 것이다.

㉓ 시고행자환본제(是故行者還本際)로부터
㉖ 귀가수분득자량(歸家隨分得資糧)까지는
수행법이고,

㉗ 이다라니무진보(以多羅尼無盡寶)로부터
㉚ 구래부동명위불(舊來不動名爲佛)까지는
수행의 이익을 말한 것이다.

⑲부터 ㉒까지는 이타행이고 ㉓부터 ㉚까지는 수행
의 이익을 설명한 것이다.
이것을 도장으로 파서 후세사람들에게 물려준 것이
해인사의 해인도(海印圖)이다."

104 독성님

"나한님들에 16나한, 18나한, 500나한, 1200나한 등 많은 분들이 계시는데, 왜 하필이면 독성님만 따로 섬깁니까?"

"인도에서는 생사대해를 완전히 건넨 나한신앙이 있는데, 중국이나 한국에서는 산신님을 중심으로 섬기기 때문에 거기 맞서 생각한 신앙현상이 독성신앙이다."

"나한이란 무엇입니까?"

"아라한을 말하는데, '아(阿)'는 없다는 말이고, '나한(羅漢)'은 배움이니 배움이 끝난 사람들을 나한이라 부른다."

"배움이 끝나다니요?"

"사람의 마지막 배움은 곧 죽음이다. 죽음이 끝난 사람을 나한이라 부르는데, 그 평화스러운 모습을 열반이라 부르고, 열반을 확실하게 깨달아 다시는 죽음이 없는 세계를 실현하신 분들을 반열반한 사람이라 한다.

원래 인도의 빈두로존자는 임금님의 아들로 세속에 있을 때부터 신통을 부릴 줄 알았는데 부처님 앞에서 신통력을 부리다가 사람을 상하게 한 일이 있었으므로 다시는 신통을 부리지 못하게 하고 '내가 죽은 뒤에는 천태산에 있으면서 말세 중생을 제도하라'하여 '천태산 상 독수선정 대사용화 나반존자'라 한다."

"그 모습이 참으로 희한하게 생겼는데요!"
"원래부터 머리가 희고 소나무 밑에 앉아 석장을 짚고 염주를 굴리며 세상을 관하는데 눈썹이 땅에까지 끌린 비구의 모습이었으므로 그렇게 조각하고 그린 것이다.

원래 인도에는 없는 소나무 밑 개울가에 있는 것을 보면 아마 중국이나 한국에서, 그것도 조선 후기쯤 크게 유행했던 것이 아닌가 생각된다. 단군임금님 숭배사상이 중국 사대사상에 부응하여 크게 유행할 때 성한 것처럼 말이다."

105 미륵신앙

"많은 부처님이 계신데 유독 미륵신앙이 성한 이유는 무엇입니까?"

"사람들이 현실에 만족하지 못하고 있기 때문이다. 미륵부처의 전신 아일다는 원래 인도사람인데 부처님 당시 18세쯤 되는 비구의 모습으로 부처님을 만나 뵙게 되었다. 부처님이 보시고,

'너는 10년 밖에 더 살지 못하겠다.'

'왜 그렇습니까?'

'네가 태어날 때 많은 사람들을 희생시켰기 때문이다.'

그때 집안 식구들에게 물으니 아일다가 태어날 때 동쪽 하늘에 밝은 별이 뜨자 그 별이 나타난 이후 태어난 애들을 모조리 잡아 죽이라 하였는데, 그 일을 담당했던 사람이 아일다의 아버지였으므로 아일다는 절로 보내고 노예의 아들로 바꾸어 대신 죽게 하였다. 이 사건으로 수많은 생명을 죽이게 되었으므로 그 과보를 받는다 한 것이다.

과연 그는 28세에 죽어 도솔천에 태어나 장차 말세중생들을 위해 이 세상에 와서 10선운동으로 그들을 제도한다 예언 받았으니, 죽어 도솔천에 태어나는 이야기

가 〈미륵상생경〉에 기록되어 있고, 미륵이 이 세상에 태어나는 것을 기록한 것이 〈미륵하생경〉이며, 미륵이 성불하여 석가부처님이 제도하지 못한 중생들을 마저 제도할 것을 기록한 경이 〈미륵성불경〉이다.

그래서 우리나라에서는 미륵불을 곳곳에 모셔 길 가는 사람들의 이정표가 되게도 하고, 사람들의 의지처가 되게도 하였는데, 아기 못 낳은 여인들이 그 코를 다 갉아먹어 코 떼어진 미륵부처님들이 곳곳에 많고, 요즘 신흥종교의 교주들은 자기가 미륵부처님의 화생이라 자처하며 큰소리 치는 사람들이 생기게 되었다."

〈'활안스님의 禪問答' 끝〉

불교방송은 창사 이래 25년 동안 끊임없이 중생의 무명을 밝혀왔다. 오후 5시 〈무명을 밝히고〉에서 아는 사람에게는 행을 일으키게 하고, 모르는 사람에게는 불교의 교리를 바르게 가르쳐 무지를 깨닫게 하였다.

나 또한 여러 차례 이 방송을 함께 대답하기도 하였으나, 2012년 3월 23일 이명학 아나운서와 함께 대담한 내용이 문이 잠긴 서재에서 잠을 자고 있는 것을 보고 옆에서 본 사람들이 "정리하여 책을 냈으면 좋겠다" 하여 그 자리에서 타이프하게 하였다.

마침 어제 부산 태종사 조실 도성 큰스님과 함께 경허스님에 대하여 대화한 바 있었으므로 그것을 곁들여 이야기 하나를 보태고, 부산 이민원 보살님과 울산 ㅇㅇㅇ보살님께서 태국 윗단스님께 점심공양을 내고 석남사 뒤 다방에 가서 차를 마셨기 때문에 이 또한 함께 담는다.

[무명을 밝히고]

이명학 아나운서 질문
도성·활안 스님 답변

"안녕하십니까? 〈무명을 밝히고〉 이명학입니다.

꽃이 피어야만 꽃 이름을 아는 것이 아니라, 겨울 눈만 보고도 봄에 피어날 꽃을 생각할 수 있는 사람이 있습니다. 세상은 그런 혜안을 가진 분들을 일컬어 참된 존재의 가치를 아는 깨달음의 경지에 이른 선지식이라 부릅니다.

사리를 밝게 관찰하는 눈, '활안(活眼)'이라는 법명이 우연은 아닌 것 같습니다. 맑고 깊은 견문으로 수많은 책을 집필하며 불교를 세상에 알리는데 힘쓰고 계신 한국불교 금강선원 총재 활안스님을 오늘 이 자리에 모셨습니다."

1 법명에 대하여

"안녕하세요. 활안이란 법명은 어디 누구에게서 받으신 법명입니까?"

"예, 태국승왕청 담와라라자 부승왕에게서 받은 이름입니다. 그 분이 처음 보고 '그대의 눈에서 빛이 나는구나' 하고는 '짓다 하토' 라 부른데서 시작되었습니다. 때는 1990년대로 생각납니다."

"지금까지 200여 권의 책을 집필하셨군요? 언제부터 책을 쓰기 시작하셨나요?"

"1965년 경기도 가평에 한국불교 통신교육원을 설립하면서 교재로 사용할 만한 책을 구했지만 통신교육에 알맞는 교재가 없어 교과서와 참고서 등을 집필하다 보니 그렇게 되었습니다."

"1965년 경기도 가평에 한국불교 통신교육원 설립을 계기로 책을 집필하게 되셨는데, 교육원에서 많은 인재들을 배출하셨지요?"

"5만 명 이상 된 것으로 압니다. 학생으로는 신부, 수녀, 목시님, 집사, 장로 등 불교에 관심을 가지고 있는 사람들이 참으로 많았습니다. 돌이켜 보면 한국불교 교양대학의 효시가 되었다고 생각합니다."

2 〈내가 만난 선지식〉에 대하여

"최근에는 〈내가 만난 선지식〉이란 책을 발간하셨는데요?"

"현대불교신문 연재를 위해 집필이 시작되었는데, 처음에는 53명만 쓰려고 하였으나 '왜 우리 스님에 대해서는 쓰지 않느냐?' 하는 질문이 나와 추가로 쓰다 보니 115분이나 되었습니다."

"인연을 맺은 선지식 가운데 가장 인상 깊었던 분은 누구십니까?"

"통합종단 총무원장을 지내면서 동국대학교 이사장을 지내신 기산 임석진스님이십니다. 절에 계시면서도 하숙비를 꼬박꼬박 내셨으며, 얼마 되지 않는 월급을 떼어서 불우학생들에게 장학금을 주셨습니다."

"어떻게 만나셨습니까?"

"종단이 분열되고 교계가 어지러워 누구를 찾아가야 바른 불교를 배울 수 있을까 생각하다가 송광사 춘곡 총무스님께 편지를 하였더니 기산스님을 찾아가 보라 자세히 편지를 주셔서 뵙게 되었습니다."

"그러니까 그 분은 동국대학교 이사장님이셨고 스님은 아직 행자와 같은데 어떻게 만나셨습니까?"

"편지를 받고 서울 신촌 봉원사 이만봉스님(인간문화제 제49호)을 찾아가 뵈오니 '조금 있으면 오실 것이니 마루에서 기다려라' 하여 기다리고 있으니 검정 찝차를 타고 오셨습니다. 인사를 드리니 들어가자 하여 방에 들어가니 벌써 저녁 공양상 두 상이 차려져 있었습니다."

'어디에서 왔느냐?'
'양양 낙산사에서 왔습니다.'

'그 전에는?'

'오대산 상원사 선방에 있었습니다.'

'밥이나 먹자.'

하여 공양을 먹으려 하는데,

'우리 둘 밖에 없는데 따로 먹을 것 있느냐. 이리 가지고 오너라.'

하여 사양하다가 한 상으로 가지고 와 무릎을 꿇고 먹었습니다. 저녁을 먹으면서 여러 가지 질문을 하시다가,

'오늘는 날이 저물었으니 여기서 자고 가라.'

하여 아랫목에 자리를 펴드리고 나는 윗목에 누웠는데, 누워 계시면서도 제게 여러 가지를 물으셨습니다.

'너는 어떻게 불교를 공부하게 되었느냐?'

'요즈음 운허스님께서 강의하시는 능엄경을 읽고 있는데, 모든 법은 하나로부터 시작되어 하나로 돌아간다 하는데, 그 하나는 어느 곳으로 돌아가는지 의심하고 있습니다.'

하니 벌떡 일어나시며,

'너는 이제 공부를 시작하면서 그런 의심을 가지는데, 나는 쉰 살이 넘어서야 그런 생각이 났다. 네가 불교공부하면 반드시 좋은 결과가 있을 것이니 동국대학교에 들어가라.'

'도를 깨달으면 무불통지 한다 하였는데, 학교는 가서 무엇을 합니까?'

'선지식들을 만나야 한다. 지금 세상에는 드러난 선지식보다는 숨어있는 선지식들이 더 많거든…. 내일부터 나를 따라가 동국대학교를 구경해라.'

다음날 기산 큰스님과 함께 동국대학교를 가서 도서관을 들여다보니 천 년 선지식들이 꽉 차 있었습니다. 사람만을 선지식으로 알았는데, 사람을 가르치는 선지식들이 서가에 꽉 차 있는 것을 알게 되었습니다.

밖으로 나와 황의돈박사님, 조좌호선생님 등 몇 분의 교수님께 인사시키고, '이 분들이 살아있는 선지식이다' 하셨는데, 나중에 그 분들이 소개한 권상노박사, 김포광스님 등을 찾아 보니 진짜 선지식은 사자좌에 앉아 계신 것이 아니라 다 찌그러져 가는 안방 좌부동 위에 있었습니다."

3 부처님 생애와 교훈

"83년 출간한 〈부처님의 생애와 교훈〉은 아직도 베스트셀러인데, 내용 확인을 위해 인도를 15번이나 다녀오셨다구요?"

"부처님 역사를 확실히 알기 전에는 불교를 바로 할 수 없었기 때문입니다. 사실 룸비니가 부처님의 외할머니 별장이었다는 것도 함께 알게 되었고, 인도불교가 암베르카르 같은 위대한 어른에 의해 부활되고 붓다가야와 베나레스가 신지학회 올코트대위와 스리랑카 다르마팔라와 같은 불자들에 의하여 복원된 사실을 알고 깜짝 놀랐습니다."

"석각장자(슈파붓다)의 아버지 아뉴샤카의 부인 이름이 붐비리이고, 석가부처님의 할아버지는 사자협왕이라는 말을 들은 일이 있습니까?"
"그렇습니다. 까뻴라성과 꼴라야성은 원래 일종 감자왕의 자손들로서 지금 상카시아(설산중턱)에서 살았는데, 까필라성과 꼴라야성이 나누어지게 되었습니다. 그러나 그들이 그곳에 자리를 잡고 살면서부터 그 자손들을 보기 위해 중간지점에 별장을 하나 지어 그 할머니 이름을 따서 룸비니라 지었는데, 그곳이 곧 석가부처님께서 탄생한 룸비니동산입니다.

더운물과 찬물, 그리고 기름이 약간 뜬 구룽못이 있다고 하였는데, 지금도 그 곳에서는 더운물과 찬물이 흘러 나오고 그 물 위에는 약간의 기름기가 떠서 나오고 있어 그곳이 곧 룸비니공원인 것을 확인시켜주고 있습니다.
암베르까르는 천인 출신으로 미국으로 유학한 뒤 독립 후 귀국하여 법무부장관을 지낸 사람인데, 이분에 의해 4성평등의 인도 독립 후 새헌법이 만들어졌고, 말년에 스님이 되어 한꺼번에 50만 명 이상의 불자가 탄생한 일도 있습니다.

그리고 올코트대령은 영국군인으로 신지학회를 만들어 신과 지혜의 차이점을 연구한 비교종교학자인데, 그 밑에서 서무총장 일을 맡아 보던 다르마팔라가 불교중흥의 원력을 세우고 인도정부와 영국정부에 탄원서를 넣어 베나레스와 붓다가야가 이교도들 손에 넘어가 있던 것을 돌려받을 수 있었습니다."

"인도 뿐만 아니라 책을 쓰시다가 의심스러운 대목이 있으면 즉시 중국, 티베트, 몽골, 미얀마 등 현지를 답사하시고 완성을 했다고 하던데, 현지에서 일어났던 에피소드들도 많을 것 같아요?"

"캄보디아 텝봉스님을 뵙고 김일성이 캄보디아 왕을 만나 불교를 알게 되어 8만대장경 해설서를 구하게 된 사실과 중국 사회과학연구소에 불교학을 전공하는 많은 불교학자들이 있다는 사실도 알게 되었습니다. 뿐만 아니라 미얀마에는 1만2천 권의 대장경을 완전히 암송하는 밍군 사야도 스님이 있어 제6차 대장경 결집이 이루어진 사실도 알게 되었습니다."

"달마대사가 광통율사와 반야다라의 제자들에 의해 살해되었다는 이야기는 처음 듣는데요?"

"그때나 지금이나 한 가지 밖에 모르는 고집쟁이들 때문에 많은 선지식들이 희생되어 왔습니다. 광통율사는 율을 중심으로 불교를 펴는 이었고, 반야다라는 경을 중심으로 포교하는 분인데, 달마대사가 인도에서 오셔서 직지인심(直持人心) 견성성불(見性成佛)을 이야기하니 당장 경과 율이 피해를 보게 되었습니다.

그래서 그들의 제자들이 달마대사를 죽이기 위해 음식에다 약을 넣었는데 두세 번 드시고도 죽지 않으니 약이 적어서 그러한가 하고 많이 넣었습니다. 그때 달마대사가 말하기를, '내가 남의 나라에 와서 남의 나라 사람들의 마음을 거스르면 임금님께서 피해를 볼 수 있으므로 낙양으로 가서 열반해야지' 하고 그곳에 이르러 앉아서 돌아가셨습니다.

그래서 국장으로 장사를 장엄하게 치르고 그의 시체를 웅이산에 묻고 탑을 세웠는데, 그 후 3년 있다가 인도대사로 갔던 송운이 총령에서 만나 신 한 짝을 받아 가지고 옴으로서 달마대사가 죽지 않고 인도로 건너가셨다는 전설이 나오게 된 것입니다. 그런데 그 묘가 있는 웅이산을 가서 양무제의 비석과 위무제의 글을 발견했으니 참으로 기적적인 이야기입니다."

4 천수경의 세계

"팔만대장경에 기록된 내용 중 설화만을 뽑아 구성한 〈설화대사전〉, 3,200가지의 비유를 수록한 〈비유의 세계〉 등은 스님들의 법문 작성에 없어서는 안 될 책들입니다. 이렇게 많은 책들 가운데 그래도 가장 기억에 남는 책은 무엇인가요?"

"일념보관무량겁 (一念普觀無量劫)
무거무래역무주 (無去無來亦無住)
여래요지삼세사 (如來了知三世事)
초제방편성십력 (超諸方便成十力)

천 년, 2천 년 역사가 현장 검증에서 즉시 증명되고 있다는 것을 깨닫고 고고학의 중요성을 새롭게 이해할 수 있었습니다. 또한 자하문 밖 해수관음의 설화를 통해 윤덕삼 자손들을 찾게 되었습니다."

"이 세상 모든 것은 시간 속에서 이루어진다는 사실을 알고 있습니다. '무거무래역무주'는 처음 듣는 글귀인 것 같습니다."
"그렇습니다. 사람과 물건은 시간 따라 변해가지만 그 마음은 언제나 그대로 있습니다. 부처님께서 도솔천에서 한 발짝 옮기지 않고 바로 중생을 다 제도했다고 하는 선문염송 제1구는 석가의 마음을 시공을 초월한 가운데 드러내 보인 것입니다. 지금 한 시간 동안에 50년간 내가 지낸 역사를 한꺼번에 이야기하는 것과 같습니다."

"십력을 이룬다 하였는데, 십력은 무엇입니까?"
"부처님만이 가질 수 있는 힘, 즉 능력입니다.
① 중생이 처해있는 입장이 옳은지 그른지를 아는 처비처지력(處非處智力)
② 중생의 업이 어디로 어떻게 옮겨가고 있는지를 아는 업이숙지력(業異熟智力)
③ 선정과 지혜가 어느 정도 위치에서 어디까지 왔는지 아는 정려해탈등지등지지력(靜慮解脫等持等至智力)
④ 근기의 상하를 아는 근상하지력(根上下智力)
⑤ 갖가지 뛰어난 이해력을 나타내는 것 종종승해지력(種種勝解智力)
⑥ 개, 돼지 세계가 어떻게 해서 만들어졌는지 아는 종종계지력(種種界智力)
⑦ 널리 다른 세계로 나아가는 것을 아는 변취행지력(遍趣行智力)
⑧ 전생 일을 기억해내는 숙주수념지력(宿住隨念智力)
⑨ 죽고 사는 것을 아는 사생지력(死生智力)
⑩ 번뇌가 다 되었는지, 아니 되었는지를 아는 누진지력(漏盡智力)

이 그것입니다. 누구든지 이 정도 되면 자신이 부처 되었는지 아니 되었는지 알 수 있습니다."

5 달마대사

"〈달마대사〉 등 소설도 쓰셨는데, 소설과 경전, 어떤 차이점이 있나요? 특징이 다를 것 같은데요."

"일반 소설은 배경설명을 문학적으로 길게 풀어 증명 하지만 경전소설은 경전에 있는 내용을 그대로 놓고 간 단히 논리적으로 기술할 뿐입니다."

"불경 한글화 작업에도 기여하신 바가 크십니다."

"우리는 한문문화권에 속하나 애들이나 보살님들은 대부분 한글문화권에 속하므로 가능한 한 우리말을 통 해 설명하니까 그런 말씀을 하시는 것 같습니다. 사실 부처님은 산스크리트어나 한문, 티베트언어처럼 어려운 말씀을 하시지 않고 본생설화, 인연설화, 인물설화, 비 유설화 같이 누구나 알기 쉬운 이야기를 가지고 법문을 하셨습니다."

6 불교대중화를 위해서

"불교서적 활성화, 나아가 좀 더 많은 이들에게 불교를 알리기 위해선 어떤 노력이 필요하다고 보세요?"

"대중적인 언어를 통해 알기 쉽게 설법하고 생활 속에서 실천하도록 본을 보이는 것이 좋습니다. 6조스님이 방아 찧고 비질하며 실천한 반야불교와 부설거사가 농사지으며 가족과 더불어 아침저녁 예불드렸던 바로 그것입니다."

7 금강선원에 대해서

"많은 집필활동과 함께 95년 서울 청량리에 사단법인 한국불교 금강선원을 설립하셨어요. 특별한 계기가 있었나요?"

"그전에도 조계종과 태고종에서 활동하고 또 사단법인 한국불교 교화원을 만들어 교화불사에 힘썼는데, 그것을 후배들에게 물려주었고, 고 서석재의원이 재가불자들을 위해 만든 법인체를 가지고 와 유용하게 써 달라고 하여 그 강령에 따라 초종파 범불교 운동을 시작하였고 오늘날까지 계속하고 있습니다."

8 요즘 하는 일

"사단법인 한국불교 금강선원 총재를 맡고 계신데, 요즘 주력하고 계신 사업은?"

"종단, 사람 차별 없이 인연 따라 원시근본불교 사상을 교육하여 일불제자로 서로 사랑하고 존경할 수 있는 화합불교를 실천하고 있습니다."

"부처님의 가장 큰 가르침 중 하나가 자비일 텐데요. 노스님들을 위한 '기로의 집' 등 뜻있는 복지사업에 대해서도 관심이 크시다고 알고 있습니다."

"불교에 귀의하면서부터는 노소 관계 없이 많은 사람들과 봉사심으로 살았는데, 통신대 학생 모 스님께서 병들어 집에 갔다가 자식들의 박해를 받고 마구간에서 돌아가신 뒤 충격을 받고 병든 스님들을 인연 따라 보살피고 있습니다.

실은 우리 불자들이 큰스님들은 잘 모시고 받드는데, 병들고 힘없는 뒷방 스님에게는 조금 소홀한 것 같습니다. 일반 복지하고는 다르기 때문에 한 가족으로 지내고 있습니다."

9 몽골불사에 대해서

"2003년 몽골에 처음으로 설립된 한국식 법당을 스님께서 맡아 운영하셨는데, 당시 이야기 좀 해주세요."

"불교전흥원 후원으로 몽골사람들과 같이 먹고 자면서 한국말과 한국불교를 이해시켰습니다. 그때 한 노스님이 쟈이산 국립공원 중턱 8천 평을 내놓고 부처님 한 분을 모시자고 하여 23m 불상을 조성하였는데, 그때 1만원에 등불 하나씩 밝히자 하여 동참하신 분들이 많습니다.

특히 조석예불, 의료봉사, 유학생 7명을 선발하여 한국으로 보내 박사 2명, 석사 다섯 명을 배출했습니다. 또한 몽골 고려사에서 한글을 배운 학생들이 20여명으로, 이들은 유학하여 서울 시립대학에서 공부하고 있습니다."

"스님께서 생각하시는 해외포교 활성화 방안은 무엇인가요?"

"언어교습과 문화교류를 중심으로 실천하는 것이 좋고, 법륜스님과 원주스님의 봉사활동이 본이 될 수 있며, 빈 마음으로 하는 것이 좋다고 생각합니다."

"이렇게 다방면으로 포교활동을 하고 계신데, 고등학교 2학년 때까지는 기독교 신자이셨다고 들었습니다."

"그렇습니다. 오순절 교회 신자였습니다. 그런데 불교에 들어와서 기독교와 불교가 둘이 아닌 것을 깨달아 '성서선해', '예수님의 사랑과 부처님의 지혜' 등 여러 권의 저서를 냈습니다. 이 책들은 예수님이 인도에 유학하여 의학과 종교(바라문교, 유교, 불교, 자이나교 등)를 공부하고 마지막에는 티베트에 가서 신통을 배워 가지고 간 사실에 근거한 것입니다."

"당시 가족들의 반대 같은 건 없었는지요?"
"있었지만 모두 선배스님들의 논리로써 부모님들을 설득하여 모두 불자로서 열반에 드셨습니다. 특히 장상영의 호법론과 함허 득통선사의 현정론이 크게 도움이 되었습니다."

10 불교의 의미

"스님의 삶에서 불교는 어떤 의미인가요?"
"인생을 평화롭게 하고 가난한 가운데서도 만족하게 살 수 있는 가르침으로 인식하였습니다. 따라서 불교를 통해 나의 인생을 후회 없이 살아가고 있습니다."

"요즘은 어떤 책을 쓰시고 계십니까?"
"불교설화문학대사전과 불교영험설화대사전을 바탕으

로 애니메이션을 만들겠다 하여 이 두 사전을 증보하였
는데, 이 증보판 교정을 보고 있습니다."

"불자분들에게 봄날 읽으면 좋은 서적 한 권 소개해
주시기 바랍니다."
"계절에 관계없이 항상 양식이 되는 근본불교성전(아
함경, 법구경 등)을 정독하라 권하고 싶습니다. 후세에
발달한 부파불교와 대승불교가 모두 이를 기초로 하고
있기 때문입니다."

11 감동어린 글귀

"다음은 내 삶에 의미 있는 불교서적의 한 구절을 소
개해 주시는 시간, '내 마음의 불서' 시간입니다. 스님
께선 어떠한 책, 어떤 구절에서 감동을 느끼셨는지 궁
금한데요. 소개해 주시겠습니까?"
"함어득통선사의 금강경오가해 서문입니다.

여기 한 물건이 있으니
이름과 모양 없으되
고금을 통하여 관통하고
티끌 속에 있으면서도
온 세계를 에워싸고 있네.

이것이 무엇인가
빈 배 속에 가득 채워 싣고 온 빛이라네.
안으로 온갖 묘한 것 다 갖추고 있으면서도
밖으로 뭇 중생을 따르니
천·지·인 3재(三才)의 주인이요
만법의 왕이로다.

탕탕하여 그에 비길 것 없고
높고 높아 그에 짝할 이 없도다.
신기롭지 아니한가
밝고 밝아 부앙(俯仰)의 사이
은은히 빛나고
보고 들음에 또렷이 분명하네.

그윽하지 아니한가
하늘 땅보다도 먼저 하여
그 시작이 없고
하늘 땅보다도 뒤에 하여
그 끝을 알 수 없으니
비었다 할 것인가
있다고 할 것인가
나는 그 까닭을 알 수 없기 때문에
그 이름을 금강반야라 불러본다.

우리 부처님께서
이 한 개를 얻어 가지고
널리 일체 중생을 보니
하늘이 이것을 가지고 있으나
이것에 어두워 중생 노릇하고 있는 것 보고
기특하고 기특하다 찬탄하시고
생사의 바다에 밑 없는 배를 띄우고
구멍 없는 피리를 부시니
그 묘한 소리가 천지를 진동하여
귀머거리가 소리들 듣고
마른 나무 가지가 모두 윤기를 얻어
대지의 함생(含生)이
각기 그 있을 곳을 알게 되었다."

12 금년계획

"올해 계획 및 발원에 관해 말씀해 주십시오."
"날마다 좋은 날 되시고
달마다 밝은 달 되세요.
한 번 가버린 세월은 다시 돌아오지 않습니다."

〈'무명을 밝히고' 끝〉

[경허스님 이야기]

2016. 4. 26.

경험스님 이야기는 만공스님으로부터 알려진다. 만공스님이 동학사 강원에서 공부하고 있을 때 강사스님이 말했다.

"옛날 여기에서 공부하던 경허스님이란 분이 있었는데, 추우면 이불을 쓰고 앉아 강의를 받고, 더우면 옷을 다 벗어버리고 강의를 들어도 강사선생님도 어찌할 수 없었다."

"그것이 불교 아닙니까. 추운 것을 춥지 않다고 하고, 더운 것을 덥지 않다고 이야기한다면 그것은 자기기만이요, 거짓말입니다."

"그렇지만 체면이 있지. 춥다고 이불을 쓰고, 덥다고 옷을 벗어버린단 말이냐!"

"그런데, 그 스님께서 동학사 골칫거리 문제를 해결하시고 떠났다는 말을 들었습니다."

"그렇지. 아랫마을 혼자 된 여인이 나무를 오는데, 다른 데 가면 나무가 없으므로 동학사 산문 안에 들어와 좋은 나무만 다 베어갔다. 아무리 산감들이 가서 말려도 듣지 않고 스님들이 가면,

'자비를 베푸십시오.'

하여 차마 쫓아내지 못했는데, 경허스님이 이 말을 듣고 위아래 옷을 홀딱 벗어버리고 점점 가까이 다가가

니 다시는 나타나지 않았다."

학생들이 박장대소하면서

"그거야말로 말 없는 법문이군요!"

하였다.

그 뒤 경허스님은 어디로 갔는지 소식이 없었는데, 학생들 졸업식 때 머리를 1m나 길러가지고 누더기를 입고 나타났다. 중앙에서 총무원장 해광스님을 비롯하여 경향 각지의 선지식들이 와 축사를 하는데, 동학사 강사스님이 말했다.

"자네도 한 마디 하지 그러는가!"

"제가 말 잘못하면 앞서 한 사람들이 묵사발이 되는데요."

"묵사발이 되던지 콩죽이 되던지 한 마디 해 보게."

연단에 올라선 경허스님이 말했다.

"지금 큰 스님들께서 애들에게 상을 주시고, '큰 기둥이 되라, 큰 들보가 되라, 큰 그릇이 되라' 하였는데, 모두가 큰 그릇, 큰 나무만 되면 어떻게 집을 짓고 상을 차리겠습니까? 그러니까 여러분은 좀 제기 노릇을 허던지 서까래 노릇을 하던지 분수 따라 한 상거리 집 재료가 되십시오."

속이 얼마나 시원하던지 만공은 상 탄 것도 다 잊어버리고,

'저 스님 따라가면 한 생각 얻겠구나.'

밥도 먹지 않고 기다리고 있다가 그 스님 뒤를 따라 갔다. 한참 가시던 스님이 뒤를 돌아보고 물었다.

"너는 누구냐?"

"만공입니다."

"왜 따라오느냐?"

"예. 스님만 쳐다만 보아도 속이 시원합니다."

"야 이놈아, 나는 중 가운데서도 빌어먹는 중이다. 혼자 얻어 먹기도 힘든데, 너까지 따라다니면 어떻게 할 것이냐?"

"제가 빌어 스님을 공양하겠습니다."

"안 된다. 나는 거처도 없고 공중에서 사는 사람, 네가 있으면 거추장스러워 안 되니 우리 형님네 집에 가서 살아라."

하고 천장암으로 데리고 갔다.

"형님, 이 놈이 나를 좋다고 따라다니는데, 형님도 아시다시피 내 목구멍도 채우기 어려운데 어떻게 사람을 데리고 다니겠습니까. 그러나 형님이 맡아서 조금 클 때까지 데리고 계십시오."

하고 맡겨 놓고 떠나버렸다.

만공이 생각하니 기가 막혔다. 은사스님도 찾아 뵙지 못하고 여기까지 따라왔는데 저렇게 무정할 수가 있는가 생각했으나 이 또한 어쩔 수 없었다. 그런데 천장암 주지스님께서 물었다.

"동학사에서 너는 무엇을 익혔느냐?"

"4교(능엄, 기신, 원각, 반야), 대교(염송, 전등, 법화, 화엄)을 보았습니다."

"응. 밥그릇 청소만 했지 밥 얻어먹는 방법은 배우지 아니 했구나. 중은 조석예불하고 4시마지하며 재불공을 드릴 줄 알아야 밥을 얻어먹고 살 수 있다."

"시키는대로 들겠사오니 장차 큰 스님만 만나게 해 주십시오."

"알았다."

하고 법당일을 모두 만공에게 맡겼다.

만공은 그날부터 도량석, 종성, 조석예불, 4시마지를 올리고, 시간 나는 대로 재불공하는 법을 배웠는데, 총명해서 그런지 쉽게 익혀 나갔다. 불공이 들 땐 20분, 30분에 할 수 있는 것도 소리를 빼고 목청을 높여 한 시간씩 해 주니 소문이 나서 신도들이 날로 불어났다. 3년 후 4월 초팔일 때는 상당히 많은 사람들이 모였는데, 합동불공을 해버리면 쉬울 것인데 새벽부터 독불공을 하여 저녁 10시에서 끝났다. 등불을 켜고 앉았다가 저녁 밥을 먹고자 요사채로 내려가는데, 초립동 하나가 올라오더니 물었다.

"여기 만공스님이 계신다 하는데, 어디 계십니까?"

"나다. 왜 그러느냐?"

"우리 어머니가 만공스님에 반해가지고 말만 나왔다

하면 만공스님을 칭찬하고, 먹을 것만 있으면 절로 가
져갑니다."

"아, 그러냐. 좋은 일이지. 비방하는 소리 듣는 것보
다는 낫지 않느냐!"

"그런데요, 저에게 한 가지 의심이 있습니다."

"무슨 의심이냐?"

"만법이 모두 하나로 돌아간다 하는데…."

"그럼 만법이 다 하나로 돌아가지. 나무 지팡이도 불
에 넣으면 다 재가 되고, 기둥 나무도 부엌에 들어가면
모두 재가 되지…."

"그거야 저도 압니다."

"그러면 무엇이 궁금하냐?"

"그 마지막 하나 된 것은 어디로 돌아갑니까?"

"………."

한참 있다가,

"아이구 내가 거기까지는 생각해 보지 못했구나."

하니 이 놈이 만공의 가슴을 툭 치며,

"그것도 모르는 사람이 남의 어머니를 흘려가지고…."

하고는 내려가버린다. 너무나 기가 막힌 일이라 밥
먹을 생각도 나지 않고 등불 구경할 생각도 없었다. 밤
새도록 등불 밑에 앉아,

"일귀하처(一歸何處)오?"

하고 외치다가 아침밥 때가 되어도 밥 먹을 생각을

하지 않았다. 주지스님께서 올라와서 보시고 말했다.

"내가 그럴 줄 알았다. 소리를 빼고 목청을 올릴 때부터 알아보았어!"

하고 야단을 쳤다.

만공은 아무 말 없이 맨발로 절을 나와 정처없이 걸었다. 얼마를 갔을까. 3, 4일을 가다 보니 복천암이라는 절이 나왔다. 선방이었다. 방부를 드리고 방 안으로 들어가 밥 먹는 것도 잊어 버리고 '일귀하처'만을 찾았다.

3년쯤 되었을까, 앞 벽을 바라보니 갑자기 벽이 확 무너져버리고 자기 고향에서 농부들이 쟁기질 하는 것, 어머니가 물동이를 이고 지나가는 것이 보였다.

"아, 이것이로구나. 한 소식 얻는다는 것이 이것이로구나!"

하고 자리에서 일어나 조실스님 앞에 가서 법장을 드러내고 벼락같이 소리를 질렀다.

"일귀하처오?"

조실스님이 놀라 자빠지면서,

"만공이 도 깨쳤네!"

하고 외쳤다.

기고만장한 만공스님은 4방으로 돌아다니며 선방의 거장들을 놀라게 하였는데, 마곡사를 지내다가 그만 경허스님을 만났다. 어느 신도의 49재를 지내는 곳에 대법사로 초청된 경허스님이 앞자리에 앉아 증명하고 있었는데, 다짜고짜 뛰어나가 법장을 앞세우며,

"일귀하처오?"

를 외치니 눈감고 앉아 계시던 경허스님이 그 지팡이를 빼앗아 만공의 머리를 내리치며 쓰러진 만공에게 물었다.

"지금도 쟁기질하는 것이 눈에 보이고 물동이 이고가는 것이 보이느냐?"

"하늘에서 별똥만이 쏟아집니다."

"야 이놈아, 도라는 것은 죽으나 사나 한 마음이 되어야 하는 것이니 너 같은 놈은 중 옷을 입을 자격이 없어, 옷 벗어라!"

하고 중옷을 벗겨버리고 내복바람으로 내쫓았다. 산속 암자로 쫓겨난 만공은 거사님들이 선을 닦는 장소에서 3년 동안 공양주 살이를 하다가 아침 종 치는 소리를 듣고 또 한 번 깨달았다.

"약인욕도지 삼세일체불
응관법계성 일체유심조"

만공은 그길로 경허스님을 찾아갔다.

"일체유심조 도리를 확실하게 깨달았습니다."

"그래. 그렇다면 오늘 나와 함께 양천에 가자. 어느 신도가 쌀 한 가마니 여덟 상을 모아 놓았다 하는데 가지고 와야 하겠다."

스님은 앞장서서 핑핑 걸어갔다. 만공이 지게를 지고 시주집에 이르니 시주님께서 점심을 해 놓고 큰 스님을 모셨다.

"너는 여기 섰거라."

혼자 들어가 점심을 잡수고 나오더니,

"저 쌀을 짊어져라."

하더니 또 앞장서서 핑핑 걸어갔다. 만공은 화가 나서 욕을 했다.

"저것도 중인가. 아침도 안 먹은 상좌에게 짐을 지라 하고 혼자 빈 몸으로 걸어간다…."

한 짐 짊어지고 따라가면서 끝없이 욕을 했다.

때 마침 논을 매던 사람들 앞으로 한 여인이 물동이를 이고 가는데, 갑자기 경허스님이 달려들어 두 귀를 잡고 입을 쪽 맞춰버렸다. 농부들이 보고 쫓아와 경허스님을 주먹으로 치고 발로 차며 안 죽을 만큼 매를 때렸다. 이 광경을 본 만공은 잡히면 자신도 그렇게 맞을까 두려워 뛰기 시작했다. 시오리를 달려와서야 비로소 지게를 받쳐놓고 스님을 기다렸다.

"우리 스님 다 죽겠네!"

걱정하고 있을 때 한 발짝 한 발짝 스님이 앞으로 다

가오는데, 두 다리를 절름거리고 있었다.

"아이구 스님, 얼마나 아프십니까?"

"야 이놈아, 남의 여자 입맞추고 그만큼도 맞지 않겠느냐! 그런데 너는 지금도 짐이 무겁냐?"

물었다. 순간 만공은 일체가 유심조인 것을 다시 한 번 깨달았다.

"스님 뒤를 따라올 때는 화가 나서 죽을 지경이었는데, 스님께서 매맞는 것을 보고 어떻게 왔는지 알 수 없습니다."

그 후부터는 일체 아는 척 하지 않고 스님 시봉만 들었다.

하루는 눈이 많이 쌓였는데 스님이 말씀하셨다.

"덕숭산 조실로 초대 받았으니 의발을 짊어지고 가자."

점심 먹고 떠난 사람들이 정혜사 근처에서 눈 속에 죽어있는 사람을 보았다. 스님이 작대기로 눈을 헤치더니 그만 거적대기 같은 사람을 들쳐 메고 올라갔다.

"너는 부엌으로 가서 불을 지피되 방을 뜨겁게 해서는 안 된다."

그런데 한 번 들어간 스님은 꼼짝을 하지 않고 이틀 동안이나 문밖 출입을 하지 아니했다. 불러도 대답이 없어 창구멍을 뚫고 보니 발가벗은 몸으로 죽은 사람의 등을 맛사지하고 있었는데, 3일 만에야 꿈틀꿈틀 살아나자 물을 데워오라 하였다.

"너는 오늘부터 창구멍으로 들여다보지 말고 창문 앞에 먹을 것을 갖다 놓아라."

그런데 방 안에서는 송장 썩는 냄새가 코를 찔렀다.

"무슨 냄새입니까?"

"잔소리 말고 네 할 일이나 해."

꼼짝없이 시중을 들고 있는데, 열하루 만에 큰절에서 연락이 왔다.

"대중스님들이 조실스님 참배하러 온다 합니다."

"내일 오라 해라. 그리고 너는 내일 새벽 2시에 내 방으로 들어오너라."

"예."

하고 아랫절 큰방 대중에게 알린 뒤 새벽 2시에 스님 방에 이르러,

"대령했습니다."

"저 사람 따라가서 네 갈 곳으로 가거라."

만공은 방에서 나온 사람의 손을 잡고 조심조심 내려오다가 미끄러져 자빠졌는데, 그만 그 사람의 손장갑이 쑥 빠졌다.

"어머, 손가락이 하나도 없네."

하고 얼굴을 쳐다보니 눈썹이 하나도 없고 코가 다 문드러져 버린 문둥아치 여인이었다. 코에서 입에서 썩는 냄새가 나서 가까이 할 수 없어 그만 전송하였다.

"저 밑으로 내려가면 마을이 있으니 조심해서 잘 가-

세요."

만공은 돌아서면서 생각했다.

"내가 만일 그런 사람을 만났다면 한 방에서 단 하루를 지낼 수 있을까. 우리 스님은 진짜로 묘한 사람이다. 송장을 옷을 벗기고 3일 동안이나 살맛사지를 하며 살려 놓고 고름을 빨고 피를 닦아 새 사람을 만들어냈으니 말이다. 나는 스님 밑에 엎드려 누워있는 사람의 머리를 보고 분명 저 자가 여자임이 틀림없는데, 스님이 그곳에서 오랜 굶주림을 달래고 있지 않는가 생각했으니 천벌을 받을 일이로다."

하고 올라와 참회하였다.

"스님, 죽을 죄를 지었습니다. 용서해 주십시오."

"용서는 무슨 용서냐. 그런 줄 알았으면 됐지. 내가 여러 날 동안 옷을 빨아 입혀 보내기는 했지만 얼마 못 갈 것이다."

하시고,

"대중 맞을 준비나 해라."

하여 방을 쓸고 걸레질을 하고 향을 피워 썩은 냄새를 없앴다.

그런데, 그 후부터 스님의 몸에 창병이 생겨 온 몸이 부풀어오기 시작했다. 백 가지 약을 쓰지만 듣지 않자 약사가 말했다.

"보통 약으로는 듣지 않겠으니 개고기에 독주를 잡수

세요."

그래서 하는 수 없이 장에 가서 개고기를 사다가 드리면 혼자 구워 잡수시며 딱지를 떼어냈다.

"부처님도 지은 과보를 어쩔 수 없다 하였는데, 자작자수로다."

다음 달 송광사에서 불상점안을 한다고 연락이 와 행구를 챙기라 하고,

"개고기는 내가 바랑에 넣어 짊어지고 가겠다."

송광사 스님들이 경허스님이 개고기 구워먹는 것을 보고 놀라 당장 천자암으로 내쫓았다. 스님은 천자암에 이르러 뒷방에 앉아 술과 개고기로 연명을 하고 있었는데, 충청도에서 한 선배가 찾아왔다.

"스님을 모시러 왔습니다."

스님은 뒤도 돌아보지 않고 물었다.

"무슨 일이 있는가?"

"스님께서 대중스님들께 쫓겨났단 말을 듣고 저희 서당에 접장으로 모시고자 왔습니다."

"감히 자네가 나를!"

하고 돌아보는데, 두 눈에서 불꽃이 튀겼다. 모시러 온 유생이 그만 무릎을 꿇고 고백하였다.

"스님, 저는 오늘 스님을 뵈오니 중 노릇하고 싶은 생각이 났습니다."

"그럼 자네 마누라들은 다 어쩌고?"

"스님께 다 바치겠습니다. 마누라 뿐이 아니라 전답,

노비까지도 모조리 다 바치겠습니다."

"그렇다면 먼저 문서를 작성하고 그 여인들을 나에게 보내는데, 처음 자네에게 시집올 때처럼 주육빙과를 갖추고 가마를 타고 오게 하라."

유생은 그 길로 장문의 글을 써 심부름꾼에게 보내 두 여인을 목욕재계하고 가마에 몸을 의지하여 천지암으로 왔다. 그 동안 머리를 깎여 중을 만든 남편 좌우에 앉히고 말했다.

"너의 남편이 나에게 모든 것을 다 바쳤으니 그리 알고 오늘부터 내 시중을 들어라."

천지암에서는 큰 잔치가 벌어져 하룻밤을 지난 뒤에 다시 여인들께 일렀다.

"두 여자가 한 남편을 거느리고 사느라 얼마나 고생이 많았느냐. 그대들 남편이 나에게 모든 재산과 노비까지 증여하였으니 그대들은 이것 가지고 내려가 노비 해방시키고 다른 남자를 얻어가던지 자유스럽게 살아라."

하고 돌려보냈다.

그리고 스님은 새로 된 상좌에게 짐을 지우고 선암사, 화엄사, 천은사, 쌍계사, …하면서 금강산 유점사까지 가서 용맹정진하는데, 상좌는 그 자리에서 앉아 죽고, 스님은 산수갑산을 지나 함경도에 이르러 별세하였다.

다음부터는 방한암스님과 한용운스님, 그리고 경허스

님과의 관계, 함경도에서 서당접장을 지내다가 돌아가신 이야기를 도성스님께서 해 주셨다.

도인은 전생의 인연을 갖고자 이렇게 사람들이 상상할 수 없는 경계를 연출하셨는데, 사람들은 이를 속되게 평가하나 만공은 자신을 제도하기 위하여 미리 보여주신 연극으로 알고 털끝 만큼의 계도 범하지 않았다. 그리고 일체유심조의 도리가 낱낱의 행 가운데서 별빛처럼 밝은 빛으로 나타나게 하였다.

지금 덕숭산 문중 경허스님 세 상좌, 수월스님, 혜월스님, 만공스님 계통에 전국의 선방이 만들어져 결사를 하는 수좌들이 그치지 않는 것은 이 네 분들의 영향이 큰 것이다.

[공부의 계단]

2016. 4. 29.

"저는 공부가 시작되었을 때는 무엇이든 다 아는 것 같이 느껴졌는데, 차차 올라가면서 더욱 어려워졌다가 한 가지도 아는 것이 없는 것 같이 느껴지는데, 왜 그렇습니까?"

"땅 위를 걸을 때는 평지와 같더니 하늘을 걸으려 하니 아직 날개가 나지 않아서 그렇지요. 육해공군에 다 터지면 어느 곳이든 터지지 않는 곳에 없습니다."

"신해행증(信解行證)이란 무엇입니까?"

"자기가 부처인 것을 믿는 것이 신이고, 남이 부처인 것을 아는 것이 해며, 처처불상 사사불공하는 것이 행이고, 어느 곳에 가든지 깨달음을 얻는 것이 증입니다."

"4월 8일 등불을 켜면서 '자등명 법등명'하라 했는데, 이떤 것이 '자등명 법등명'입니까?"

"스스로 제 마음을 밝히는 것이 '자등명'이고, 5온이 공한 이치를 아는 것이 '법등명'입니다."

"등은 두 군데 달아도 됩니까?"

"백 군데 달아도 걱정할 것 없습니다. 한 등 한 등이 세상의 어두움을 밝히고 절과 스님들을 돕는 일이며, 또 스스로 기쁨을 맛보는 일이기 때문입니다."

"지난 주 토요일 계를 받았는데, 제 이름이 일경심입니다. 무슨 뜻입니까?"

"지어준 분이 더 잘 아실 것입니다만 아마 한결같은 마음으로 살면 반드시 성불할 수 있다 하신 이름 같습니다."

한 거사가 물었다.

"아내가 욕을 잘 하는데요?"

"정신 차리라 일러준 경책이니 탓하지 마십시오."

"속이 상하는데요."

"흐르는 물은 종일토록 조잘거려도 도인에게는 노래 소리로 들린답니다."

"여여행입니다. 기도할 땐 반드시 목욕재계하여야 한다 하였는데 한옥집이라 너무 좁아 잘 안 됩니다."

"추울 때는 절을 하는 것이 좋고, 꼭 목욕재계할 필요는 없습니다. 마음이 청정하면 그대로 재계가 되기 때문이다. 이 몸이 여여행이니 참되고 한결같이만 하십시오."

"직장 때문에 초하루, 보름엔 절에 가지 못하고 일요일에만 갑니다."

"일요일에도 못 가는 사람도 있는데, 참으로 장합니다. 절에 가는 것만이 중요한 것이 아니고 절에 가서 무엇을 하는가가 중요합니다. 좋은 일 하고 악한 마음 갖지 않는 것은 때와 장소가 없습니다."

"매년 초팔일이면 세 군데 들리는데, 꼭 그렇게 하여야 됩니까?"

"한 군데서 복 짓는 것 보다는 세 군데서 지으면 더욱 즐겁지 않겠습니까. 불쌍하고 가련한 절에도 가면 더욱 좋아하실 것입니다."

"실망할 때는 어떻게 해야지요?"

"조건부 인생을 놓아버려야 합니다."

"나는 이렇게 하고 있는데, 내 속도 몰라주니 마음이 섭섭하기 짝이 없습니다."

"일생을 혼자 사는 중도 있는데, 호강스런 말씀 그만하세요."

"마음에 걸리는 영가가 있는데, 어떻게 하면 좋겠습니까?"

"먼저 천도재를 지내주시고, 그가 원했던 일을 해 주시면 좋고, 그런 뒤에는 그에 대한 집착을 버려 불쌍한 생각까지도 없애버려야 합니다."

"세탁소를 하는데, 집이 작아 수선실에 자주 들리지 못합니다."

"도 닦는 장소를 따로 갖지 않아도 몸과 마음에 세탁

만 잘 하면 됩니다."

"배운 경전을 다시 계속 배워도 됩니까?"
"모르는 것을 알고자 배우는 것은 중생이고, 알고도 배우는 것은 성현입니다. 아는 길도 늘 걷다보면 나중에는 안경이 필요 없게 됩니다."

"등불에 이름을 달지 않고 아무 곳에나 달아도 상관 없습니까?"
"이름을 달지 않아도 부처님은 알고 계십니다. 부처님은 무부통지라 이름보다는 그의 정성을 보실 것입니다. 부처님 당시 한 거지보살님이 백 집의 동정을 받아 등불 하나를 켰는데, 화장실에 켠 불이 꺼지지 않으므로 장차 수미등광여래가 될 것이라는 수기를 받기도 하였습니다."

[좋은 인연]

2016년 5월 3일 화요일 오후 6시 30분 BBS 불교방송에서 장인선 작가가 초대하여 불교방송 17층 스튜디오에 나가니 한국아카데미미술협회 이사장 박외수씨가 나와 있었다.

진행자 김민선씨가 인사하였다.

"제가 오늘의 진행자입니다. 만나뵙게 돼서 반갑습니다. 불교에 대해서 잘 모르는 사람이라도 화엄경 하면 누구나 한 번쯤 들어보셨을 것입니다. 석가부처님께서 성도 후 제일 먼저 설하신 경전으로 한국불교 소의경전 가운데 최고의 수준에 있는 대교과 교재라 들었습니다. 오늘 이 시간에는 한국불교 금강선원 총재 활안스님과 사경의 명인 박외수 작가를 모시고 화엄경에 대한 이야기를 나누어 보겠습니다.

활안스님은 금강선원에서 노스님들을 모시고 시봉한다 들었는데, 얼마나 고생이 많으십니까?"

"초대해 주서서 고맙습니다. 누구나 나이가 들면 병들고 죽는 고통이 있기 마련이기에 당연히 해야 할 일로 알고 있습니다."

"요즈음은 강의나 법회도 계속하고 계시지요?"

"그렇습니다. 나란다 삼장대학과 불교예술대학에서 조금씩 가르치고 있습니다."

"박외수 선생님께서는 오래 전부터 화엄경 사경을 하고 계신 것으로 알고 있는데, 얼마나 하셨습니까?"
"2012년 4월부터 시작하였지만 36만자나 되어 쉽지가 않습니다."

"36만자라 이를 병풍으로 옮긴다면 약 120m이나 될 것입니다."
"참으로 놀랄 일입니다. 36만자 120m를 금으로 쓰고 계시다니. 그런데 활안스님께서는 이렇게 많은 양의 화엄경을 여러 번 강의하고 계시다 들었습니다."

"화엄경은 원래 말이 없는 법문이라 강의한다고 늘어나는 것이 아니므로 대교과에서는 그냥 '본다'고 말하고 있습니다."
"그런데 제천 금강사와 삼각산 문수원에는 그 화엄경에 나오는 신장님들을 조각하여 모시고 있다면서요?"

"제천 신장님은 불교 수선회 권영일 법사님이 모시고 있던 것을 주셔서 모시게 되었고, 삼각산 문수원 신장님은 고 법왕궁 보살님의 원력에 의하여 모시게 되었습니다."

"원래 신장에는 두 종류가 있다면서요?"

"화엄경에는 39위 신장과 104위 신중이 있는데, 39
신장은 대장급만 모신 것이고, 104위 신중은 대장들과
상급 부하들까지 함께 모신 것입니다."

"언제부터 화엄경을 보고 강의를 하셨습니까?"

"1957년 동대 불교대학장 김잉석박사님께서 송광사
법성료에서 '화엄학개론'을 쓰실 때 3개월 동안 시봉한
일이 있고, 1980년에 태고종 종정 안덕암스님께서 '화
엄경 강의'를 출판할 때 편집위원으로 일을 본 일이 있
습니다. 그 후 그분들의 원력에 의해 두세 번 강의하다
가 지금은 거의 본업이 되고 말았습니다."

"사경을 할 때는 시간과 정성이 많이 드실텐데 그 가
운데서도 해서체로 쓰신다는 말을 들었는데, 얼마나 힘
이 드십니까?"

"행서초서는 쉽게 쓸 수 있으나 해서는 한 자 쓰는데
1분 이상 걸릴 만큼 시간이 많이 듭니다. 한 장에 보통
32자가 들어가니 한 장 쓰는데 약 20일부터 25일 걸립
니다."

"법화경 7만자에 비하면 5배가 넘으므로 정말로 많은
시간과 공력이 들어야 하겠군요. 뭐, 사경하게 된 이유
가 있으십니까?"

"문예활동을 하다 보니 저절로 그 경지에 나아가게 되었습니다."

"이렇게 엄청한 작업들을 수 년간 해오신 분들도 계시는데, 도대체 그 내용이 무엇입니까, 활안스님?"

"옛 사람들이 통만법(通萬法) 명일심(明一心)이라 하였습니다. 만법에 통하려면 먼저 제 맘을 관하라 한 것입니다. 그러므로 부처님께서 처음 도를 깨닫고,

'이것이 있으므로 저것이 있고,
저것이 있으므로 이것이 있다.
이것이 없으면 저것도 없고,
저것이 없으면 이것도 없다.'

하셨는데, 이것이 바로 일체유심조(一切唯心造) 도리입니다. 원효대사가 해골 바가지 물을 마시고 '마음이 나면 갖가지 법이 생기고, 마음이 멸하면 갖가지 법이 멸한다' 하였는데, 어찌 다른 도리가 있겠습니까?"

"아, 참으로 훌륭한 말씀입니다. 아버지가 없으면 자식도 없고, 아내가 없으면 남편도 없다는 말씀이군요."

"그렇습니다. 이것이 이 세계의 만물의 존재원리이니, 굳이 이름 지어 말한다면 인과인연을 만들어내는 마음이라 할 수 있습니다."

"이러한 엄청난 글을 먹으로 쓰지 않고 금으로 쓰신 다니 참으로 놀라지 아니 할 수 없습니다. 얼마나 힘이 드십니까?"

"글자는 몸으로 쓰지만 매 쪽마다 은으로 '佛' 자를 써 넣어 예술적 가치를 더하고 있습니다. 처음에는 한 장 22~25자를 쓰는데 한 달 가량 걸렸으나 지금은 20여일 걸립니다. 그런데, 문제는 이렇게 써나가다가 글자 한 자만 틀려도 다시 써야 하기 때문에 정성을 들이지 않으면 아니 됩니다. 지금 3분의 1쯤 썼으니 4년 이내에 마무리 될 것으로 압니다."

"그래서 많은 사경자들이 중간쯤 쓰다가 그만 두는 분들이 적지 않다 하는데, 사실이군요."

"그렇습니다. 실수하면 수정이 불가능하기 때문에 보통 정성이 들어가는 것이 아닙니다. 그래서 득불(得佛)의 경지가 아니면 큰 경을 쓰기 어렵다고 하는 것입니다."

"그런데 이런 경이 빨리어로, 산스크리트어로 만들어졌다가 다시 중국어, 티베트어로 바꾸어지고, 지금은 영어, 불어, 우리말로까지 바꾸어 쓰여지고 있으니, 이 또한 놀랄 일이 아니겠습니까?"

"미얀마의 밍군스님은 이와 같은 경전들 1200권을 모두 외워 써 제6차 대장경을 편집하였고, 부처님 당시 탁카실라성 푹쿠시라왕은 이 사경을 보고 즉시 출가하여 생사를 업보로 자재하였습니다."

"사실 저도 순천 동화사 한 비구니스님으로부터 금강 경 사경을 받고 사경해야 하겠다는 생각을 하였고, 중 국 아차산 영화사에서 봉술을 배우러 온 스님이 체육관 에 써 놓은 글씨를 보고 써달라고 하여 몇 틀 써준 것 이 계기가 되어 금강경, 법화경을 쓰다보니 그만 사경 작가라는 명계를 얻게 된 것입니다."

"그러니까 사경에는 절대적 인내와 정성이 필요하겠 네요?"
"그렇습니다. 그냥 연습 삼아 쓰는 식으로 해서는 경 전이 잘 되지 않습니다. 목욕재계하고, 1자에 1배씩 드 리기도 하며 온 몸에서 땀이 비오듯 하더라도 딴 생각 이 없어야 됩니다."

"그러므로 도를 구하는 사람은 절하는 무릎이 얼음처 럼 시려도 불 구하려는 생각이 없고, 주린 창자가 칼로 후비는 것 같아도 밥 구하려는 생각이 없어야 된다 하 지 아니 했습니까."
"그렇습니다. 딴 생각하면 글씨가 왼쪽, 오른쪽으로 흘러갑니다."

"저의 중학동기 한 분도 선배에게서 사경 이야기를

듣고 매일 목욕하고 정성스럽게 금강경 한 권을 써 병풍을 만들어 놓았는데, 국전에 초대하여 내놓았더니 어떤 분들이 와서,

'누가 썼습니까? 사가도 좋습니까?'

물어,

'좋습니다.'

하였더니, '짊어지고 짚차에 타라'하여 차를 탔더니 청와대로 가 뭉텅이 돈을 한 묶음 받아와서 보니 평상시 다른 데서 받는 돈과는 비교도 되지 않는 큰 돈이었습니다. 다른 글을 쓰면 많이 받아야 500만원, 천 만원인데, 그 10배 가량을 받았으니 놀라지 않을 수 없었습니다. 역시 부처님이 황금 사람이더니 정성만 드리면 이런 일이 생기는구나 하여 언제나 목욕하고 108배를 한 후 글을 썼는데, 지금은 독실한 불자가 되었습니다."

"저도 처음에는 멋도 모르고 썼는데, 쓰다 보니 그 내용을 알게 되어 바른 불교를 믿게 되고 신심이 생겨 종일 쓰고도 피곤을 느끼지 아니 했습니다."

"그러니까 42년간 사경하고 판각하고 시주하며 8만대장경을 만듦으로써 원나라를 물리쳤지요. 저도 한 폭을 6판 한 틀을 210판으로 만들고 한 판에 330자 양각으로 새기며 우순풍조하고 천하태평을 기원하고 있습니다. 두 틀을 완성하는데 10년은 걸리지 않을까 생각합니다. 그 동안에 남북이 평화적으로 통일되겠지요."

"목판 외에 도자기도 하신다는 말을 들었는데요?"

"예. 지금 금강경을 전서체로 새기고 있습니다. 그런데, 이러한 작업은 글씨만 쓴다고 해서 되는 것이 아니고 거기 옻칠을 하고 순금을 입혀야 하니 금강경 5149 자가 네 개로 나누어집니다. 거기 다시 순금 엑기스로 바르기까지 한다면 1년은 족히 걸릴 것입니다."

"활안스님께서는 많은 저서를 통해 포교해 오셨는데, 소감을 한 말씀 듣고 싶습니다."

"부처님의 원은 포교입니다. 만들어진 불상이나 탑은 고정된 장소에 있어 옮겨갈 수 없지만 라디오, TV, 서적은 국내외 전세계로 마음껏 돌아다닐 수 있으니 좋은 포교자료가 되고 있습니다. 단지 우리 불자들은 절 잘하고 염불 잘하고 참선 잘하는 데는 일등이나 책을 잘 읽지 아니하는 것 같습니다. 다른 종교인들은 3일만 교회에 나가면 전도사가 되어 나오는데, 우리 불자들은 30년을 다녀도 법사 한 사람 되기 어렵습니다.

부처님의 바른 법을 이해하는 데는 경전을 읽고, 쓰고, 널리 펴는데 힘써야 합니다. 지금 불교방송TV는 일당백이라 포교사 백 사람, 천 사람 몫을 하고 있으니 자주 보고 들어 불국토를 건설하는 자양이 되도록 노력하여야 하겠습니다. 감사합니다."

[동서사상의 비교]

2016. 3. 10.

김혜옥 보살님이 물었다.

"아이들이 새 학기를 맞아서 한창 열심히 공부하고 있을 텐데요. 우리 불자님들도 더 열심히 수행정진해서 좋은 모습을 보여줘야 하지 않을까 싶어요. 오늘 일일 지도법사로 함께 해주실 한국불교 금강선원 이사장 활안스님 모시겠습니다. 어서 오십시오, 스님. 반갑습니다.

최근까지 텔레비전에서 〈대승불교 이야기〉를 진행하셔서 틈이 날 때마다 들었는데요. 스님, 그동안 강의와 법문도 많이 하셨고, 또 책도 많이 내셨죠?"

"글쓰고, 강의하고, 법문하는 것이 저의 삶입니다."

"책 쓰시면서 책 내용을 확인하기 위해서 인도와 중국에도 수 차례 다녀오셨죠?"

"그렇습니다. 현장을 보지 않고는 하늘에 뜬 별과 같기 때문입니다."

"부처님 성지들을 직접 보면서 안타까운 점도 있고, 이런 건 우리도 본받아야 하겠다 싶은 부분도 있었을 것 같은데 어떠셨어요?"

"처음에는 눈물도 많이 흘렸습니다. 불교성지가 방목장이 되어 있고, 또 이교도들의 수행장이 된 데다가 정부에서 군인과 경찰들을 풀어 관리하고 있었기 때문입니다."

"내일 모레 영국에 가신다고 들었는데, 영국도 불교에 대한 관심이 높은가요?"
"어떤 단체에서 초청하여 가기로 하였습니다만, 무엇 때문에 초청했는지는 가 봐야 알 것 같습니다."

"영국과 불교가 무슨 관계가 있습니까?"
"320년 동안 영국이 인도를 지배하였으니 인연이 없을 수 없지요. 힌두교, 자이나교가 불교성지를 다 차지하고 있을 때 영국 군인 올코트가 신지학회를 만들어 불교에 관심을 가지면서부터 인도불교가 발돋움하게 되었습니다."

"어떻게 도움을 주었습니까?"
"사무총장으로 있던 다르마팔라가 대각회라는 단체를 만들어 불교성지되찾기 운동을 시작했어요. 뿐만 아니라 신불교운동을 일으킨 암베드카르가 불가촉천민으로 있을 때 서양 사람들의 후원으로 구미에 유학한 후 귀국하여 법무장관을 하게 되고, 그 분이 새로 만든 헌법이 부처님의 평등사상과 일치하여 자그마치 1천만 불자를 만들어내었으며 본인은 또 스님이 되었으니까요. 사실 붓다가야와 바라나시를 정부로부터 반납받아 불교인들이 관리하게 된 것은 영국고고학자 마샬의 공로가 큽니다."

"그럼 유럽에도 우리 부처님 경전이 들어가 있겠군요?"
"1885년에 영국에 빨리어성전협회(PTS)가 설립되고, 1917년 니아나 필로카가 독일어 번역을 했고, 1932년에 우드워드가 영역본을 냈습니다. 이로 인해서 톨스토이의 문학과 프로이드 정신분석학, 그리고 서양철학이 서양불교에 커다란 영향을 주고 칼 야스퍼스는 '위대한 철인'을 저술하면서 붓다와 용수를 서양에 소개하여 서양사람들을 놀라게 하였으며, 러시아와 유럽의 언론인들이 티베트에 갔다가 '이사전'을 발견하여 예수님께서 인도에 유학했던 사실을 알게 되고, 이어서 보병궁 복음서와 토마스 복음서, 사해문서가 대중화 되었습니다."

"영국에 국제불교기구(IBRO)가 있어 1995년 처음 등록된 뒤 많은 봉사활동을 한다는 말을 들었습니다."
"NGO단체로 덕망 있는 카싯파스님이 100% 자원봉사를 하고 있습니다. 그 단체는 국가와 종교에 상관없이 도움을 주고 있습니다. 아프리카, 태국, 인도, 코소보 등에 의약품, 의류 등을 지원하고, 어린이들을 위한 보육원을 짓고, 그들의 교육을 지원하고 있습니다. 우리나라 법륜스님과 월주스님이 가난한 자들을 돕고, 의료봉사를 하고, 학교를 짓고 우물을 파주는 것과 같습니다."

"동물보호협회가 생겨 동물보호에도 기금을 모은다는 말도 들었습니다."
"아쇼카왕의 암석 칙령에 기록된 자연보호와 동식물 보호운동을 본받아 불쌍하게 죽어가는 동물을 보호하는 일이 인간보호와 조금도 다름이 없으므로 동물보호에도 앞장서고 있습니다."

"우리도 그렇게 할 수 있었으면 좋겠습니다."
"옛날 법정스님이 '맑고 향기롭게' 운동을 하여 지금도 열심히 하고 있는 것으로 압니다. 대만의 증엄스님은 자제공덕회를 만들어 100개국이 넘는 세계 각국에 의료봉사를 하고 있습니다.
한국불교도 처음 정화운동이 일어났을 때 주재를 탐하지 말고 이름을 드러내지 말며, 개인적으로 소유하지 말자고 효봉스님과 기산스님이 발기하여 한참 변화를 일으키다가 종교가 정치적 도구로 전락하면서 좋은 결말을 맺지 못했습니다."

"우리 불자들도 마음을 모아서 봉사활동을 해야 할 텐데요."
"그래서 불교방송이 방송포교를 위해 10만 공덕주 모시기 위한 만공회를 발족시킨 것으로 알고 있습니다. 많

은 분들이 동참해서 우리 불교방송이 힘차게 제2 도약을
할 수 있도록 노력해야 하겠습니다. 도와주십시오."

"스님, 신행상담을 하고 싶은 분들이 계속 문자를 보
내고 있는데, 도움이 될 수 있도록 가르침을 주세요.
먼저 노래 한 곡 듣고 시작하겠습니다."

– 노 래 –

신행상담 문자사연

1303번

"저는 여여행 불자입니다. 제 마음이 복잡하고 흔들
릴 때 어머니께서 금강경 공부를 하라 하여 꼭 1년 동
안 하였는데, 이제 그만 회향하여야 할 것인지 궁금하
여 도움을 청합니다."

"생각을 비우면 마음이 편안해지기 때문에 어머니께
서 그렇게 권하셨던 것 같은데 회향을 하신다면 회향에
는 세 가지가 있습니다.

첫째는 그 동안 익힌 공덕을 사실적으로 회향하고,
둘째는 깨달음을 위해서 회향하며,
셋째는 중생과 세계를 위해 회향해야 된다 하였습니다.
이것이 회향삼처실원만(廻向三處悉圓滿)입니다."

7179번

"활안스님, 안녕하세요? 예전에 라디오 아침 방송 잘 들었습니다. TV에서만 하시지 말고 라디오에서도 좋은 법문 듣고 싶어요. 건강하세요. 부탁드립니다."

"시간 나는 대로 열심히 하겠습니다."

6362번

"활안스님 말씀 참 좋네요. 생활 속에서 하는 수행 번뇌가 없으면… 음… 고개가 끄덕끄덕 해지네요. 감사합니다."

"생각이 없으면 인연따라 걸림 없이 삽니다. 그것이 곧 무심도인입니다."

3444번

"스님, 평상시 관세음보살 염을 생활화 했습니다. 건강이 안 좋아져 은사스님이 신묘장구대다라니로 생활하면 몸과 마음이 건강해진다 하셔서 매일 108독 합니다. 그 외 자연스레 관세음보살염을 하고 있습니다. 같은 관세음보살 기도인줄 아는데, 궁금합니다. 알려주시면 감사하겠습니다. 평등심 올림."

"불보살의 명호를 부르는 것은 그와 같은 인격을 형성하고자 하는데 뜻이 있고, 다라니를 읽는 것은 우주

인생의 진리를 깨닫고자 하는데 목적이 있습니다. 그런 데 불법을 한꺼번에 공부하고 계시니 열심히 하시면 함께 통달할 수 있습니다."

3374번

"저는 불교에 입문한 지는 2년 정도인데요. 보시를 먼저 행해야겠다는 서원으로 바라밀행을 하고 있습니다. 그런데 제 기도도 함께 해야 할 것 같아 매일 집에서 백팔배와 함께 관음기도를 하다 지장기도를 함께 하고 싶은데요. 순서 등을 어찌해야 할까요. 스님의 고견을 듣고 싶습니다."

"관음신앙은 물신앙이고 지장신앙은 땅 신앙입니다. 땅이 만물을 포용하듯 지장신앙은 한 가지도 버리는 일이 없습니다. 그리고 관음신앙은 방울 물이 천 근의 배를 물 위에 띄우듯 중생의 소리를 듣고 고통을 없애주는 물이니 겸해서 해도 상관이 없지만 절하는 마음으로 한 가지씩 하시면 정신통일이 더 빨리 되지 않을까 생각됩니다."

5647번

"스님, 저는 불자인데요. 아직 계를 받지 못해 법명이 없는데, 불자라고 하기도 그러네요. 법명 받을 수 있는 길이 있나요?"

"다음 주에 불교방송에서 수계한다고 하니 계를 받으면서 법명을 받으면 더 좋겠습니다."

4380번
"활안스님, 감사드립니다. 법화경 사경한 것에 받을 사람 이름을 적어서 발원하고 정성껏 싸서 선물합니다. 부처님 모시듯 공경하라 전하면서. 꼭 복장불사를 해야 하는지요? 18개월 동안 열다섯 번째 썼는데, 죽는 날까지 쓰겠다고 서원했으니 꼭 지키겠습니다. 법화경 써서 선물하는 것 괜찮겠지요?"

"좋습니다. 먹는 것은 하루 세 때 먹어도 늘 허기 지듯이 끝이 없습니다. 그러나 진리의 맛은 한 번 맛보면 천만 번 가도 변치 않는다 했습니다. 남을 위해서 경을 쓰고 또 그들의 행복을 축복하신다 하니 진짜 대보살님이십니다. 복장불사는 그 진리의 마음뇌 속에 들어가 깨달음을 얻게 한 것이니 따로 의식을 집행하지 않는다 할지라도 속이 든든할 것입니다."

7797번
"스님, 그냥 생활처럼 꾸준히 하는 기도는 어떤 걸 경계하고 잘 주의해야 할까요? 제가 법화경 열 번을 사경하고 싶어서 하고 있습니다. 그런데 기간을 정하지 않으니 중간중간 꾀가 생길 때가 있습니다. 어떻게 바꾸어야 할까요? 이렇게 길게 하는 것도 입제를 하고 해야 하나요? 그냥 해 보고 싶어서 절에서 부처님께 속으로 인사 드리는 정도입니다. 감사합니다."

"몸과 입과 뜻을 주의하면 됩니다. 밥 먹는 마음으로 하세요. 간혹 가다 거를 때가 있지만 잊지 않고 찾아 먹는 것은 밥이듯이 열 번 아니라 스무 번도 쓸 수 있습니다.
　입제는 마음 먹고 시작하는 것이 곧 입제이니 따로 할 것 없지만 성현들을 모시고 다짐하는 마음으로 하면 꾀가 좀 덜 부려지지 않을까 생각합니다."

"아인슈타인이 동양의 신비에 대해서 관심을 가지고 있다 들었는데, 사실입니까?"

"자신은 상대성원리에 관해서만 공부하였는데, 부처님과 노자는 그 원리를 조화시키는 인식논자인 것을 보고 놀랐다고 말하고 있습니다. 일본의 다께다씨도 뉴톤의 우주학을 전공했으나 화엄경의 3천대천세계를 보고 새삼스럽게 놀랐다고 합니다. 화엄경에는 백억일월세계 즉 태양계가 100억 개나 나오고 또 무진하다고 설하고 있으니 말입니다."

〈끝〉

■ 편집을 마치고

　문답에는 질문이 있고 그리고 그 질문에 해당하는 대답이 있다. 그러나 그것이 선문답이라면 이러한 질서위계가 자칫 무너지게 마련이다. 선경계가 비등한 두 선사들의 선문답이라면 그 내용은 제3자에게는 자칫 동문서답으로 인식될 확율이 높고, 예로부터 전해오는 염송이야기를 읽는 선의 초보자가 느끼는 독후감이 대개가 그렇다.

　그러나 '활안스님의 선문답'에 담긴 120여 개에 해당하는 질문과 이에 관한 대답들은 선문답 특유의 난해함을 벗어나 어렵지 않게 이해할 수 있어 안도감을 가지고 이번 편집에 임할 수 있었다.

　이곳에 모은 질문들은 거의 모두가 불교문화권에 사는 불자들이나 불교에 관심을 가지고 있는 사람들이 불교를 접하면서 갖게 되는 평범한 질문들이 있는가 하면, 어떤 질문은 비교적 깊은 철학적 내용을 담고 있는 것도 있다. 활안큰스님은 하나하나의 질문을 비교적 쉬운 불교용어를 사용하여 대답하셨다.

주어진 질문이 종교의식을 포함해서 불교 전반에 걸친 내용이었기 때문에 독자들의 이해를 돕기 위해 활안 큰스님께서는 불교 교리를 포함해서 불교역사 전반에 걸쳐 불자가 아닌 사람들도 어렵지 않게 이해할 수 있도록 일상용어를 빌려 평범하게 풀어 설명해 주셨다.

독자들은 이 책을 통해서 나 아닌 다른 불자들이 무엇을 생각하고 어떤 불교 교리에 관심을 가지고 있는지를 알게 될 기회가 되리라고 생각한다. 이와 함께 질문에 대한 대답을 구성해 가면서 질문자의 의도를 파악하고 질문의 요지를 풀어나가는 활안큰스님의 포교술은 많은 불자들이 배워야 할 점이라 강조하고 싶다. 이러한 포교술은 오랜 포교경험을 통해 구축된 자산이라 사료된다.

불기2560년 7월 15일

한국불교통신대학장 서 무 선 법사

BBS불교방송 신앙상담

활안스님의 禪問答

2016년 7월 10일 인쇄
2016년 7월 15일 발행

편　　　찬 | 서 무 선
발 행 인 | 한국불교통신교육원
발 행 처 | 한국불교정신문화원
주　　　소 | 477-810 경기도 가평군 외서면 대성리 산 185번지
전　　　화 | 031) 584-0657, 02) 969-2410
등록번호 | 76. 10. 20 제6호
인　　　쇄 | 이화문화출판사 (02-738-9880)
I S B N | 978-89-6438-150-2 03220

정　　　가 | 12,000원